LA MENTE ECONÓMICA

JOSU IMANOL DELGADO Y UGARTE

www.lamenteeconomica.guiaburros.es

EDITATUM

Diseño de cubierta: © Looking4

Maquetación de interior: © Editatum

Primera edición: Abril de 2019

ISBN: 978-84-17681-20-3

Depósito legal: M-16457-2019

Impreso en España/ Printed in Spain

Si después de leer este libro, lo ha considerado como útil e interesante, le agradeceríamos que hiciera sobre él una **reseña honesta en Amazon** y nos enviara un e-mail a **opiniones@guia-burros.com** para poder, desde la editorial, enviarle **como regalo otro libro de nuestra colección.**

Agradecimientos

A mis padres, por todo el amor, enseñanzas y apoyo que me dieron durante todo el tiempo que estuvieron a mi lado. A mi esposa, Imanol y Matxalen. Además, la hago extensiva también a todas aquellas personas que me han brindado su ayuda a lo largo de mi vida. (*Semper gratias ago*)

Agradecer expresamente a Esther Moreno Latorre y a Francisco Javier Peñas Esteban, su inestimable apoyo a este libro.

Sobre el autor

Josu Imanol Delgado y Ugarte es economista y doctor en Administración de Empresas y Finanzas. Máster en *Business Administration* y Máster en Finanzas. Medalla de Oro Europea al Mérito en el Trabajo, Estrella de Oro a la Excelencia Profesional y Premio al Mérito Económico de la Academia Internacional de Ciencias, Tecnología, Educación y Humanidades. Ha ampliado su formación en universidades americanas de primer nivel en áreas de Finanzas y Estrategia Empresarial. En el año 2011 realizó una descripción del modo de salir de la crisis económica que padecía España. En el año 2014 señaló que, a causa de la desigualdad y el maquinismo, el crecimiento económico se veía negativamente afectado; en enero del año 2016, en el Foro Económico Mundial de Davos, señalaron estas causas como peligros para la economía mundial. Expuso también, que, por ello, la Ley de Okun se encuentra distorsionada y no funciona en estos momentos. Es autor de otros diecinueve libros más sobre Finanzas, Economía y Administración de Empresas. Ha publicado más de cien artículos de opinión en la más prestigiosa prensa especializada y general. En el año 2016 fue candidato al premio de investigación social realizada de la Fundación para el fomento de Estudios Sociales y de Sociología Aplicada (FOESSA). También en el año 2017, fue candidato al Premio Rey Jaime I de Economía. Actualmente es Consultor Económico de inversiones, estrategia, reingeniería y cultura empresarial.

Índice

Prólogo
El arte de tener las cosas claras

"¿Qué tarde es empezar a vivir precisamente cuando hay que dejarlo! ¡Qué olvido tan necio de la condición mortal, diferir hasta los cincuenta o los sesenta años los buenos propósitos y querer comenzar la vida desde un punto a donde pocos la han prolongado!"

Sobre la brevedad de la vida. Séneca.

A principios de los años setenta, la editorial Bruguera publicó una colección de 60 minilibros bajo el atractivo y poco comercial nombre de *En 25 000 palabras. Para el hombre que tiene prisa.* Eran tan pequeños que se podían esconder en la palma de la mano o incluso dentro de una cajetilla de tabaco. Los títulos publicados fueron de lo más variados e iban desde sesudos temas de actualidad como *La energía nuclear, El capitalismo* o la especulación sobre *El mundo futuro*, pasando por "magufadas" irrisorias del estilo de *La quiromancia, El ocultismo, Las sociedades secretas, El vudú* o *Los ovnis*, hasta arribar de lleno a temas más serios, aunque igual de vehementemente tratados, como *Las religiones, La edad media, El origen del hombre* y, por supuesto, *Las doctrinas filosóficas.* Y hago hincapié en este último título porque fue el que cayó en mis manos cuando aún era estudiante en la Facultad de Filosofía.

Aquello que en un principio fue un pequeño objeto de divertimento con el que alimentar algunas risas en la cafetería con los compañeros de clase, se convirtió rápidamente en una herramienta culposa que me ayudó en secreto a organizar el eje cronológico de la historia del pensamiento filosófico con pinceladas bruscas pero muy acertadas que después, con la pericia del estudio y la experiencia del trabajo, solo tenía que adornar, ahondar y pulir desde el sentimiento de culpa más horrendo y secreto, pues cómo podía estar utilizando este adminículo irrisorio para algo que no fuera la carcajada o la mofa. Y es que la academia es como es y todo lo que no sea consultar gigantescos tomos polvorientos referenciados en catálogos añejados, de esos con muchas nomenclaturas y referencias imposibles de decodificar, es ser muy poco serio.

Pero hoy más que nunca el hombre tiene prisa y los filósofos se esfuerzan en dar a entender lo de siempre —*¿qué es el hombre, qué puedo saber, qué debo hacer y qué me cabe esperar?*—, de la manera más directa y concisa. Porque, ¿quién en su sano juicio pretende que alguien se lea hoy ochocientas páginas de reflexiones profundas e intrincadas, con multitud de referencias a autores y libros en diferentes idiomas que solo unos cuantos sabios ubican? De hecho, uno de los mayores éxitos y gran fenómeno minoritario de la filosofía de la hipermodernidad, el surcoreano Byung Chul Han, ha encontrado la fórmula perfecta al presentar libros que, con mucho esfuerzo editorial, logran superar las cien páginas. Y digo mucho esfuerzo porque de alguna manera deben justificar el alto precio de estos libros, y ¿qué mejor que a golpe de rellenar papel con letra gorda y márgenes generosos, y aun así para alivio de indecisos, se leen en lo que se enfría un café y se pide otro, cosa que, para terminar de aclarar, en nada demerita las brillantes ideas que albergan?

Los autores postmodernos aseguraron hace décadas que los grandes relatos filosóficos se habían acabado; habían entrado en crisis para desaparecer agónicamente casi igual que sus propios autores, salvo honrosas excepciones que, a pesar de todo, no son capaces de evitar el olor a rancio decimonónico y se esconden temerosos en los despachos de las universidades. Pero que el animal humano tenga prisa no significa que deje de ser humano. La turbotemporalidad, la aceleración y precipitación de una vida en busca de algún sentido ha excitado la curiosidad de muchos a los que las noticias de las redes sociales no les son suficiente. Fenómenos de venta mundial como los voluminosos libros de Yuval Noah Harari, dan en las narices a los planteamientos postmodernos y les hacen burlas desde los anaqueles de las librerías. Y es que el mayor de nuestros problemas, reconozcámoslo, es que fuimos los propios filósofos los que nos autocastramos, nos impedimos seguir elaborando grandes relatos que dieran sentido al devenir de los tiempos y, muy inteligentemente, otros más sensatos y hambrientos (historiadores, psicólogos, antropólogos, sociólogos o economistas) han encontrado este espacio creado por la necesidad de unos lectores que aún sienten apego a las letras en caracteres negros sobre blanco, y a encontrar algún sentido a sus vidas.

Séneca, aquel estoico cordobés consejero del loco Nerón, se lamentaba amargamente de la brevedad de la vida y de la necesidad de entenderla lo más pronto posible, con el único propósito de poder sacarle el mayor de los jugos y no desesperar al llegar a la madurez y ver, horrorizados, que los días estaban próximos a acabarse y aún quedaba tanto por hacer. Pero, ¿quién nos dice qué es la vida? ¿Dónde encontrar ese manual de uso, ese prospecto médico que nos haga ver lo realmente importante para no dar palos de ciego y aprovechar de veras el momento? ¿Qué fue de aquellos relatos de los filósofos que tanto criticaron los postmodernos? Pues realmente están ahí y cualquier curioso los puede encontrar y saborear a un simple golpe de ratón. Pero, tontos de nosotros que nos creíamos tan listos, ya no hemos sabido relanzarlos, ni promocionarlos, ni adaptarlos a esta realidad en la que mal vivimos todos. Ahora tenemos prisa y *La mente económica* es un ejemplo perfecto y acertado de la necesidad del aquí y ahora. Un manual de vida para el hombre que tiene prisa y que no puede desaprovechar el poco tiempo que por naturaleza tiene. Y como es lógico, lo ha tenido que escribir un economista, porque por algo son especialistas en el valor de las cosas y en cómo sacarles el mayor beneficio.

Josu Imanol le está brindando una herramienta para ir de prisa, es cierto, pero sin trastabillar ni perder el equilibrio. Se aventura a filosofar, pero sin pisar jardines que entretengan o desconcierten al lector. Habla de moral sin moralizar, sin perderse en diatribas sobre el sexo de los ángeles o qué está bien o qué es el mal; ese no es el tema, el tema es economizar, en su acepción de evitar todo tipo de gastos y en el de plantear unas garantías de sustentabilidad para optimizar la vida en sí misma. *La mente económica* es, por tanto, un ejercicio aclaratorio, un catálogo de mínimos para poder lograr máximos, para poder tener las cosas bien definidas y saber qué priorizar y qué evitar, pues la vida dura lo que dura, y debemos saber cómo invertir nuestro tiempo en aquello que nos sea de mayor provecho.

Lea usted y opine.

David Pastor Vico

En Ciudad de México, a 3 de febrero de 2019

Introducción

Este libro trata de realizar una abstracción de ciertos temas, algunos de ellos de contenido cuasi filosófico, que son contenidos en un ámbito en el que también son tratados en términos económicos. Por ello hay que señalar, en razón de este sesgo, que se hace muy difícil incorporar ese matiz puramente económico de manera aislada a esos temas, y deja por lo tanto al área tratada en un estado de tratamiento parcial. Pero como quiera que el objeto de este trabajo es dar una visión desde la perspectiva económica, se debe realizar de esta manera, y yo estoy seguro de que el lector lo comprenderá.

Este trabajo contiene también otros temas que son de una índole que atañe exclusivamente al mundo de la economía, pues hoy en día parece que existe una corriente de pensamiento que aboga porque todo, aunque sean temas que rayen lo filosófico, sea analizado desde un punto de vista económico. Personalmente debo decir que soy de los que defienden que la economía debe estar siempre al servicio de la sociedad, y nunca encontrarse en la postura contraria de que sea la sociedad la que esté al servicio de la economía.

Dicho esto, que creo que es fundamental, voy a exponer los temas que se abordan y que son : la familia, la infancia, la juventud, la vivienda, la senectud, la sociedad, la protección social, liberalismo económico, pobreza, empleo y desigualdad, política y poder, principios y valores, ética y moral, los medios de comunicación, el conocimiento, el medio ambiente, la salud y la formación, y finalmente la cultura. Espero que el enfoque y la manera en que se tratan le ayuden a entender al menos algo de lo que se está dilucidando en estos momentos en nuestro mundo, y si los motivos que aducen o nos exponen sibilinamente son ciertos o no; de esta manera podrá llegar a tener un criterio al respecto. He utilizado unos criterios fundamentados en la economía y siempre con vocación de realizar toda su exposición de la manera más sencilla posible; espero que usted, lector, lo pueda percibir así.

He tratado también de que este trabajo sea útil, para poder permitir que afloren más ideas en estas áreas. A causa de su extensión, resulta imposible aspirar a que sean contenidos todos los puntos posibles inherentes a todos estos temas tratados, ni siquiera en una pequeña parte.

Además seguramente usted ya tendrá una idea formada al respecto de casi todos estos asuntos —por no decir de todos ellos—, pues los creadores de opinión disponen de muchos medios para que al final todo el mundo se integre en el pensamiento que desean que prevalezca, para beneficio de sus propios intereses. Aunque es lo general en nuestros días, constituye un craso error el que, porque la mayoría piense en un determinado sentido, se le otorgue el carácter de normal a ese pensamiento; a su vez, al ser normal, y por ser ello habitual, se le da la seguridad de que está bien hecho.

La infancia

Antes de nada, me gustaría aclarar que en este capítulo, que trata un asunto que preocupa a muchas personas e instituciones, se va a entender por infancia el periodo de tiempo que termina con la edad en la que académicamente se suelen alcanzar los estudios de bachiller. En realidad, ese periodo de tiempo constituye un plazo mayor de lo que se viene generalmente considerando la infancia propiamente dicha, pero nos servirá para poder enlazar lo que constituyen en sí los factores económicos que pueden ser considerados para este estadio del ser humano.

Es un periodo de tiempo fundamental para el futuro de las personas, y en consecuencia para todo lo que afecta a cualquier individuo y a las sociedades en las que se integran. Resulta obvio que en este periodo de tiempo se deben adoptar actitudes, conductas y decisiones en un momento en los que la persona no está lo suficientemente madura para poder llegar a tener un criterio adecuado.

Pensemos tan solo, por exponer unos sencillos ejemplos, en el hecho de si va a escoger ciencias o letras, o de si va a elegir estudiar o ponerse a trabajar, etc. Según sea esa decisión, en la práctica va a representar la consecución de una trayectoria en el devenir de su vida que puede beneficiarle o perjudicarle, y que llegue a marcar muchísimo el estado económico que finalmente pueda llegar a alcanzar, sin mencionar otros de diversa índole, incluso el de la propia felicidad que puede llegar a tener en su vida. Una vez entendido esto, es fácil poder hacerse una idea de lo importante que va a resultar ser la infancia, porque es algo crucial para el estado económico posible que pueda tener en el futuro el elegir correctamente y adoptar las conductas y actitudes correctas que puedan coadyuvar a que el futuro —visto desde una perspectiva económica— sea bueno, al haber conseguido alcanzar por esas decisiones los factores necesarios para poder obtenerlo. Por ello, el esfuerzo que se debe realizar en aspectos como la disciplina que hay que tener para conseguir esas conductas, e incluso algunas actitudes que lleven a la consecución de esos objetivos, así como el tiempo de estudio y el mismo esfuerzo económico que derive de todo esto, lejos de ser una cortapisa para ponerlo en práctica, se debe considerar como una inversión que es necesario realizar, en aras de poder obtener la rentabilidad esperada, en un futuro, por mor de todos estos esfuerzos.

En esto, evidentemente, debe tener una especial importancia la propia sociedad, al poner a disposición todos los recursos necesarios, y por supuesto es imprescindible que la propia familia realice también a su vez todos los esfuerzos que sean necesarios. A lo largo del tiempo ha sido habitual que —descontando el factor desempleo, un elemento absolutamente determinante— las personas que han podido adquirir una mejor formación han podido conseguir, a su vez, una mejor situación económica en su vida, que se ha evidenciado en los múltiples estudios realizados. Obviamente, como el individuo compone en la práctica la sociedad, es irrefutable que si se cuenta con un mayor número de individuos que tienen una buena situación económica, las sociedades dispondrán a su vez, lógicamente, de mejores oportunidades para poder crecer y desarrollarse económicamente de manera adecuada.

Existen actualmente muchas personas que defienden la tesis de que resulta ser bastante oneroso realizar estos esfuerzos. Por esta razón, a pesar de que muchas personas defienden que a los niños no se les debe exigir esfuerzos, relativizando también la educación que pueden adquirir con todo ello —muy probablemente porque ciertas materias, en innumerables ocasiones, ni siquiera las llegan a entender en realidad—, creo sinceramente que es interesante para el desarrollo social y del propio individuo que se realice todo el esfuerzo necesario para alcanzar una educación con la formación y el conocimiento adecuados, para que en el futuro pueda disponer la misma sociedad —y naturalmente, el propio individuo también— de las capacidades favorables necesarias para poder llegar a alcanzar un buen estado económico. Aunque también son muchos —posiblemente la mayoría— los que piensan en la actualidad que los niños son el futuro de cualquier tipo de sociedad, en muchos aspectos no los tratan como se debe, y es fácil comprobar que ese tratamiento es manifiestamente mejorable.

Podemos observar perfectamente que en nuestro mundo actual a los niños se les está privando de muchos de los factores favorables expuestos anteriormente, haciendo por ello que se vean abocados a un futuro en el que las habilidades y capacidades que deberían haber alcanzado cuando abandonan ese periodo de tiempo dejen mucho que desear.

Finalmente, en la práctica no se pueden alcanzar todas las posibilidades que pueden existir para encontrarse en un buen estado económico. Por poner tan solo un ejemplo ilustrativo de todo ello, pensemos en que los temas curriculares formativos de los niños en muchas ocasiones no presentan un contenido ni una extensión pertinentes para poder llegar a alcanzar una buena formación que posibilite alcanzar los factores favorables oportunos.

Por todo ello, pienso que la infancia, al ser la base de la creación de la persona, es un periodo en el que se debería poner el máximo esfuerzo para poder llegar a alcanzar todas las bases del individuo, y por tanto creo que la sociedad debería hacer cualquier esfuerzo que sea requerido, sin intentar ahorrarse ninguno y con el máximo nivel posible, para que pueda contar con unos individuos con las mayores capacidades que se puedan obtener, a través de los esfuerzos realizados en todas las áreas necesarias para el desarrollo pertinente de la persona. Y así, de este modo, la propia sociedad será la beneficiaria de ello. En este caso, aparte de lo que deba hacer el propio individuo, la sociedad tiene un gran papel al poder hacer posible que se encuentren disponibles todo tipo de recursos para que el individuo pueda llegar a alcanzarlos y aportar, con su participación, en el estado final de la sociedad.

La juventud

El periodo de tiempo considerado como la juventud es aquel en el que el individuo debe realizar personalmente todos los máximos esfuerzos que se encuentren a su alcance para conseguir alcanzar su máximo desarrollo en su vida en lo relativo al aspecto que ocupa este libro, que es el económico. Se debe reconocer que es un periodo de tiempo que, por lo general, a causa de la lógica vitalidad que el individuo posee, este se encuentre lleno de interés en descubrir nuevas cosas, y dicha actividad ocupará indefectiblemente gran parte de ese tiempo. En ocasiones es evidente que no se esté por la labor de realizar dicho esfuerzo de una manera que sea pertinente y oportuna, condiciones que son necesarias para que se pueda lograr. Pero no cabe la menor duda que, por lo general, resulta un momento crítico para poder afianzarse y también para conseguir llegar a encontrar los caminos adecuados que sean necesarios para que en adelante se puedan obtener todos los factores favorables para alcanzar una buena situación económica, siempre y cuando la evolución vital se vaya desarrollando de una manera normal en lo esperado. Hablo siempre de forma general, claro está; es evidente que en todos estos temas nunca se puede tener la seguridad de llegar a alcanzar el cien por cien de las posibilidades necesarias para ello, dado que existen innumerables matices que difieren en la práctica de lo que es señalado como objetivo a alcanzar inicialmente, y que trastocan finalmente lo previsto, haciendo que no se alcance la situación económica deseable. En este periodo de tiempo se deben adoptar decisiones cruciales, y lógicamente, si esas decisiones son en malas, el devenir futuro que se pueda entonces tener en lo relativo a nuestra economía puede no ser como nos gustaría, lo cual se puede extender al ámbito de cualquier otro aspecto. Para ilustrar mejor todo esto, tengamos en cuenta que la juventud suele ser el momento, no solo de afianzarse en el terreno laboral, sino en el que además se deben adoptar las decisiones cruciales como son el formar una familia, decidir sobre la vivienda, etc. Por ello la juventud es un momento en el que el gasto puede ser bastante grande, pues suele coincidir generalmente con la adopción de todas esas decisiones; por consiguiente, todo eso conlleva a que el gasto suela ser enorme para cualquier individuo. Este periodo de tiempo coincide en su inicio con la edad en la que se finalizan los estudios superiores, cuyo límite final es la edad de los treinta o treinta y cinco años, aparte de los esfuerzos que pueda llegar a realizar la sociedad para hacer más fácil el poder llegar a alcanzar todos los factores que son necesarios para conseguir por parte de cualquier individuo una estabilidad en la vida. Se debe señalar que en la juventud es precisamente cuando el propio individuo debe hacer el máximo esfuerzo para poder llegar a alcanzar todos esos factores que le pueden llevar finalmente a disponer de un buen estado económico. El realizar todo tipo de esfuerzos en ese sentido, en ese preciso momento, para poder obtenerlo, será muy rentable en el futuro, siempre y cuando se logren los objetivos deseados —al menos en su mayoría— que le permitan conseguirlo. Si estos esfuerzos se ven apoyados en alguna medida para conseguir su consecución por parte de la sociedad, esto será obviamente de gran ayuda. Se debe tener en cuenta que, por lo general y con respecto al aspecto laboral, a medida que va transcurriendo el tiempo, si no se ha podido alcanzar un estado en el trabajo que pueda permitir tener un buen futuro económico, a través de la trayectoria laboral, será más dificultoso que se pueda llegar a dicho objetivo. Esto se viene observando viendo los hechos que se han producido en este sentido, en estas últimas décadas. Es algo habitual ver que resulta difícil posicionarte laboralmente en las empresas, viniendo desde fuera de ella, cuando se pasan de ciertas edades, ya que la mayoría de ellas por lo general prefieren a personas más cercanas al inicio de sus carreras laborales. Creo que esto es un craso error incluso para la propia sociedad, dado que se está dejando fuera a personas que pueden aportar, indudablemente, un valor adicional de experiencia de gran importancia para cualquier trabajo, y que incluso puede llegar a ser un factor decisivo en lo relativo a poder alcanzar la excelencia en la labor. Se están por tanto dilapidando unos recursos que pueden beneficiar de esta manera a la misma sociedad en materia económica, lo que obviamente irá en detrimento de que se pueda alcanzar el máximo posible, para que de esta manera esos recursos que puedan ser dispuestos favorezcan a todos, en la mayor cantidad que pueda ser posible. De este modo podrán ser destinados a los menesteres que sean pertinentes, para llegar a tener la mejor sociedad posible los individuos que la integran.

La madurez

Este capítulo, sobre el periodo de tiempo que recibe el nombre de «la madurez», es el más breve de este libro.

La madurez en este libro es el periodo de tiempo que va entre la finalización de la juventud y el inicio de la senectud, así considerados en este trabajo. Es un momento en la vida del individuo en el que —en teoría—, apoyado por lo conseguido en la infancia y la juventud, junto con la concurrencia de encontrarse en el lugar oportuno, en el momento oportuno y con las personas adecuadas, debe consolidar su posición económica y en todos los sentidos, gestionando bien sus oportunidades. Lo normal es que la sociedad no destine muchos recursos en él, y en cambio que esa misma sociedad en la que se encuentra sí reciba bastante recursos por su parte.

La senectud

La senectud es el último periodo de la vida de cualquier ser vivo, y por supuesto también del ser humano. Desde un aspecto estrictamente económico, en este periodo de tiempo se suele gastar una parte —que en algunos casos puede llegar a ser considerable— de lo que se ha podido acumular con anterioridad, a lo largo del transcurso de la vida del propio individuo.

Desprendiéndonos ya de la visión puramente económica de este periodo de tiempo, se debe decir con claridad que, a la hora de mantener a los individuos que hayan podido alcanzar ese periodo de tiempo, todos los esfuerzos que en numerosas ocasiones debe soportar la sociedad son en realidad algo metafísico. Es decir, que se encuentran dentro de lo que es el campo filosófico, y por lo tanto están basados en los principios del individuo. Su fundamento se encuentra lógicamente en los valores que el propio individuo pueda llegar a tener y que le conforman como persona; por ende, se hacen extensivos a cualquier sociedad que ese individuo integre.

Obviamente, cuanto mayor sea el número de individuos que integran cualquier sociedad, y que piensen y procedan de una misma manera, mayor será esa extrapolación a esa sociedad. Señalo esto porque resulta bastante sorprendente escuchar opiniones en un sentido estrictamente económico sobre este periodo de tiempo, por parte incluso de personas a las que se supone un cierto nivel intelectual, y que actualmente se orientan hacia la defensa sin ambages —aberrante desde un punto de vista humano— de que, cuando se llega a la senectud en ciertas circunstancias que no son las mejores en lo relativo a la salud, se debería plantear un final vital provocado.

Evidentemente, este planteamiento suscita de inmediato la pregunta de si esta decisión va a ser tomada en la práctica por parte de algún tipo de comité, o si será adoptada simplemente siguiendo un análisis multivariante de discriminantes, elaborado por algún otro tipo de comité con unas atribuciones otorgadas que hagan que decidan sobre cómo, cuándo e incluso dónde debe acabar la vida de una persona. Todo lo cual ya entra directamente en el campo de la moralidad e incluso de las creencias personales de toda índole, que de ninguna manera abordaré en este capítulo. En realidad, no es en modo alguno el objeto de estas reflexiones incluidas en este trabajo; como hemos dicho ya, este estudio tiene la vocación ser lo más aséptico posible, alejado por tanto de toda clase de polémica a este respecto.

Con el fin de fijar ideas, y apoyándonos en el objeto de este libro, —que es siempre el de dar una perspectiva económica de todos los temas que se abordan en él—, se debe decir que en este capítulo consideraremos como senectud el periodo de tiempo que empieza con la jubilación laboral y termina precisamente con la finalización vital de la persona. Dicho esto, como comprenderá el lector, darle a la senectud un enfoque meramente económico es siempre una abominación absolutamente perversa que nunca podrá tener en cuenta muchísimos factores de diversos ámbitos de carácter muy importante.

Tratar de abordar con cierta profundidad este tema tan delicado sin su debida concurrencia, indudablemente abocará a que cualquier análisis se encuentre en una situación parcial, que haga imposible ser considerado de una entidad suficiente para poder realizar una exposición y una posterior reflexión completa de este asunto. Esto —se debe reconocer— es algo imprescindible a la hora de adoptar cualquier tipo de decisión, en todos los aspectos. Creo que el derecho que tiene la persona a gozar de libertad, siempre debe ser el que finalmente prime ante planteamientos sobre este asunto.

Cualquier razonamiento o tesis que abogue por una postura que se base estrictamente en la supuesta asignación óptima de los recursos —formulaciones que en numerosas ocasiones se esgrimen—, debe reconocerse como espuria en su planteamiento. En este periodo de tiempo habitualmente la sociedad tiene que realizar un mayor esfuerzo para sostener al individuo en todas sus necesidades. Este esfuerzo, además, suele ser mayor que el que pueda llegar a realizar para ello el mismo individuo por sí mismo. Se debe señalar también que existen infinidad de casos en los que la aportación real que se puede llegar a realizar por parte de estos individuos en este periodo de tiempo, debe ser muy tenida en cuenta en lo relativo al campo de la economía, pues su alcance, en la práctica, puede llegar a ser de suma importancia. En este sentido y en aras de una mejor comprensión de esto, pongamos como ejemplo que muchas personas se encuentran en la senectud realizando importantes ayudas a sus familias, al realizar labores de apoyo con sus nietos. ¿Cuál puede ser el beneficio real que se aporte a esa sociedad en términos económicos?

Lo mismo sucede cuando brindan ayuda —por citar otro ejemplo concreto— asesorando, en base fundamentalmente a sus experiencias, a personas que se encuentran en sus empresas. Realmente todo ello tiene una consideración económica de primer orden, y que en algunas ocasiones resulta fundamental, e incluso de vital importancia, para el devenir de esos individuos y por ende para la propia sociedad.

La vivienda

Para muchas personas que se encuentran fuera del ámbito de la inversión, la vivienda es solo algo que ofrece un lugar donde tener el hogar, que pueda llevar a obtener los lógicos beneficios que pueden derivarse de ello. Y hay que reconocer que, aunque sea así, no se trata de algo en absoluto baladí. La importancia de esto lo refleja claramente el que incluso muchas constituciones y acuerdos supranacionales ponen de relieve con un especial énfasis que se trata de un derecho de toda persona. Y aunque sea solamente de este modo, la vivienda continúa siendo algo importantísimo y fundamental para que sea posible el desarrollo normal de cualquier individuo, económicamente y por supuesto desde otros puntos de vista, del todo imprescindibles para poder llegar a alcanzarlo. Se debe señalar que la vivienda, como bien económico —o dicho con una mayor propiedad: la manera de poseer de una vivienda—, en realidad es bastante controvertida. Esto es así porque muchos no la entienden de esta última manera y tienen presente fundamentalmente el aspecto de inversión. Se debe tener en cuenta que la vivienda es verdaderamente un bien fundamental para todo individuo y además, que es del todo necesario para poder desarrollarse de manera oportuna en aspectos que se entienden como relativos a la persona. Por ello, es obvio que la vivienda debería ser una materia muy cuidada por todos los responsables que detentan el poder, en cualquiera de las sociedades existentes. Es irrefutable que sin una vivienda digna, la persona no puede llegar a alcanzar un desarrollo adecuado. Y eso, por su capital importancia, es algo a tener muy en cuenta. Es evidente que sin poder disponer de una vivienda digna resulta imposible poder alcanzar, ni tan siquiera mínimamente, las condiciones que pudieran requerirse para tener la capacidad necesaria con el fin de alcanzar un desarrollo económico y personal, siendo este último un aspecto no precisamente menor. Se debe además tener presente que la vivienda, desde la perspectiva económica, es así mismo un bien acumulativo de la posible riqueza que se ha llegado a obtener. Por esa razón, la vivienda es tomada en numerosas ocasiones como una inversión especulativa. Se debe señalar que el término especulativo no es algo peyorativo en modo alguno; demasiadas personas unen el concepto «especulación» a algo perverso, y piensan por consiguiente que todo aquel que la practica es casi un delincuente. Conviene señalar que la especulación, en términos de inversión, es simplemente especular sobre algo, y eso es tan solo dejar esa posición que se ha adoptado no cubierta; por tanto, dicha posición se encuentra lógicamente abierta a posibles alzas futuras de su precio y obviamente, como es natural, también a que puedan ocurrir posibles bajadas de su precio. Y es precisamente al adoptar la visión de que la vivienda pueda ser considerada como un bien acumulativo de riqueza, cuando surge con una mayor fuerza la duda razonable de si resulta ser el modo mejor para realizar este cometido —ya hablando en términos meramente de rentabilidad, como una pura inversión—. En efecto, hay muchas personas que defienden la postura —en términos estrictamente económicos— de que es mejor poseerla en régimen de alquiler, mientras que otros muchos, en cambio, defienden la postura diametralmente opuesta, es decir, que resulta más beneficioso tenerla en propiedad. En lo que respecta a esta controversia, hay que matizar los análisis realizados en la pléyade de estudios que se han venido realizando a lo largo de la historia y que señalan como mejor una postura o la otra contraria, en el sentido del horizonte temporal del estudio, y también en qué fases del ciclo económico se han encontrado durante esa inversión, dentro de todo ese horizonte temporal objeto de análisis. Esto es fundamental por motivos obvios. Teniendo en cuenta esos importantes detalles, se puede llegar a aseverar, sin ningún género de duda, que por lo general —salvo obviamente que cuando se vaya a salir de la inversión en esa vivienda se coincida en un momento de depresión del ciclo económico— el valor neto de dicha vivienda actualizado será bastante positivo. De todo ello resulta de manera irrefutable que es mejor —desde el punto de vista estrictamente económico— poseer una vivienda en propiedad que en régimen de alquiler, pues hasta la fecha la revalorización de la vivienda ha cubierto perfectamente todos los costes que genera su posesión, e incluso integrándose en ellos. Esto precisamente es lo que se viene a denominar como «el coste de oportunidad», que es el que resulta de la no utilización de ese dinero invertido, en otra inversión, y que lógicamente podría llegar a rentar un cierto importe a no ser que la rentabilización de dicho dinero sea muy grande, y la haga por ello muy superior a la inversión en la vivienda. Aún así, ese valor actual neto al que se alude será por lo general positivo. Eso, sin duda alguna, también redundará en la sociedad. Es obvio que cualquier sociedad resultará beneficiada cuando cuente entre sus integrantes —es decir, los individuos que constituyen dicha sociedad— un mayor número de ellos que puedan disponer de una buena situación económica. Resulta fácil comprender esto. Simplemente hay que pensar en que si existe un gran número de personas con una buena situación económica, la economía se encontrará en disposición de tener un gran número de transacciones económicas favorables, repartidas en un gran número de agentes económicos. Esto provocará indudablemente que el nivel de crecimiento económico sea mayor que si no se pudiera contar con su existencia.

La familia

La familia es el marco y también el seno en el cual se integran la mayoría de los individuos, que forman a su vez parte de la sociedad. Aunque evidentemente no ha podido ser elegida, resulta ser en innumerables ocasiones determinante para el propio individuo y, consiguientemente, para la sociedad en la que vive. La familia —no cabe la menor duda— es muy importante para que se puedan vertebrar adecuadamente las sociedades de cualquier tipo, pues del poder disponer de una familia de un tipo o de otro, puede depender inexorablemente el tipo de sociedad a la que en realidad se puede aspirar. Las familias que se encuadran en una cultura como puede ser la asiática, por poner un ejemplo, son diferentes a las europeas actuales, y por ello también sus sociedades tendrán matices, siendo por eso diferentes, haciendo que se creen unos tipos diferentes de sociedad.

Un hecho irrefutable que se ha podido experimentar claramente en España durante el *crash* del 2007, es que la familia ha sido el socorro que ha hecho que muchísimos individuos e incluso sus mismas familias hayan podido cubrir, aunque sea en lo más mínimo, las necesidades vitales. Estas, de otra manera, no hubieran sido cubiertas, dado que el Estado y las diversas instituciones que existen —independientemente de que fueran gubernamentales o no—, en esos momentos no podían prestar las ayudas necesarias para millones de personas. John Kenneth Galbraith denominó a esto «virtud social conveniente», pues esta ocupación en el socorro u otro tipo de tareas que constituyen una ayuda inestimable, por parte de personas ajenas a instituciones de cualquier tipo, redunda en que los individuos y las sociedades que integran se puedan ver mejor atendidas cuando el Estado y las susodichas instituciones han hecho una dejación en estas áreas, por los motivos que sean.

Por lo tanto, dicho esto se debe reconocer que la familia tiene una importancia sustancial en la economía. Hoy en día, en las sociedades occidentales, muchas de ellas basadas en un liberalismo económico en el que se prima el utilitarismo, se ha podido comprobar palmariamente que la familia aún continúa realizando una función muy buena en la sociedad, a pesar de que existan en este momento muchas personas que la ataquen. Hablando como hasta ahora, es decir, en términos que aluden al campo estrictamente económico, creo que con lo expuesto más arriba ya se ha demostrado su valor para la sociedad. Ahora, en lo relativo en cuanto al individuo, se va a realizar una reflexión al respecto que tiene su base en la propia fundación de la familia. Consideremos en esta reflexión a una familia habitual, compuesta por un padre una madre y su prole. No deseamos entrar en polémicas —pues no es objetivo de este trabajo— sobre lo que actualmente piensan algunos en relación con otros posibles tipos de composición familiar. Desde el punto de vista del coste – beneficio para el individuo —hay personas que llegan a realizar cálculos de esta naturaleza—, pensemos que cuando se adopta la decisión de formar una familia, los gastos en ceremonias y vivienda, con todo lo que conlleva esto, así como la debida creación de la prole son, sin duda alguna, muy elevados. Por tanto, si únicamente se atuvieran a este criterio, probablemente en la mayoría de las ocasiones se podría llegar a adoptar la decisión de no formar una familia. Pero indudablemente, en una familia no se puede solo realizar un análisis de este tipo, con esa única premisa, pues existen otras más que es necesario tener en cuenta. Por señalar algunas de ellas, y siempre estrictamente en términos económicos, (dejando de lado múltiples factores importantísimos a tener en cuenta, y que por el ámbito estrictamente económico de este trabajo quedan totalmente fuera) podemos mencionar la ayuda que los hijos pueden aportar en un futuro, y que en muchos casos será inestimable e impagable.

Se debe pensar en que muchos hijos costean gran parte de los gastos necesarios de sus padres cuando llegan a los momentos finales de su vida, y que de otra manera tal vez no pudieran ser sufragados por ellos mismos. Obviamente realizar un análisis puramente de coste – beneficio en una memoria económica, a futuro y con un horizonte temporal tan largo, resulta ser un ejercicio absolutamente baldío, al ser imposible la realización de dichas proyecciones económicas con el más mínimo grado de rigor que otorgue un carácter de fiabilidad. Aunque a mi juicio, de existir un devenir de una familia de manera normal, siempre será más positivo —incluso en términos meramente económicos— formar una familia que quedarse solo, como un individuo aislado, en lo que representa la vida de las personas. Los posibles beneficios que se pueden llegar a obtener a lo largo de la vida, son al final enormemente positivos, y en muchos casos muy superiores al coste que haya podido llegar a representar a lo largo del tiempo. Por tanto, la tesis de que no resulta rentable formar una familia por el ingente coste de todo tipo que puede llegar a alcanzar, creo que no resulta ser un pensamiento plausible, por todo lo que se ha venido exponiendo más arriba. Esto hace que las dudas a ese respecto sean muy grandes, porque la familia supone unos beneficios que hacen que esos gastos aludidos sean, por lo general, absolutamente enjugados al final. Todo ello sin exponer otros elementos de gran importancia, como puede ser la estabilidad emocional y de otros tipos, que hace que se anclen en los individuos al formar parte de una familia y que constituyen un equilibrio deseado. Esto también termina afectando a la sociedad, pues es obvio que al formar parte de ella estos individuos, toda la sociedad resulta afectada, al estar conformada por individuos. Indefectiblemente, la manera en que sean estos individuos marcará el tipo de sociedad.

La sociedad

Se debe tener en cuenta que todos nos encontramos, aunque no lo deseemos, dentro de alguna sociedad, por el simple hecho de vivir. La sociedad es algo que vertebra, en una determinada región geográfica, la vida de todos los individuos que la integran. Se debe recalcar que ese «todos», es realmente «todos», aunque algunos crean de forma espuria que no es así. Existen algunas personas —no sé cuál es el motivo en el que se fundamentan— que piensan que son ajenos a esto y que el asunto no va para nada con ellos. Personalmente, soy de los que creen firmemente que las normas que rigen los órganos que dirigen los destinos de la sociedad y de todos los individuos que la integran, deben tener una clara vocación en la que prime el servicio al individuo. Por ello, deben tener siempre el objetivo fundamental de crear una sociedad que pueda permitir que el individuo logre gozar de la mejor situación que sea posible alcanzar, dentro de las posibilidades existentes. Es evidente que estas posibilidades se encuentran acotadas por las posibilidades económicas de que disponga la sociedad. Por eso, siempre conviene que la sociedad asigne los recursos que tenga de una manera óptima, aunque por ese objetivo de asignación de los recursos nunca se vaya a tener en cuenta tan solo el aspecto económico, para crear el modelo de sociedad en la que se vaya a tener que vivir.

Una sociedad en la que primen los criterios económicos será siempre un tipo de sociedad que se vea abocada a que los individuos que la integran se encuentren en un estado que cercene las posibilidades que puedan tener de poder alcanzar una buena situación de su vida. Por lo tanto, cualquier sociedad debe tener como aspiración que los que la dirigen creen las posibilidades para que el individuo —que realmente es quien se debe proteger a través de todas esas normas rectoras que le conducen a la idea social de esos dirigentes— sea guiado hacia el mejor lugar posible. Si todo ello aboca a situaciones que hacen que los individuos pasen penurias o simplemente no puedan alcanzar el óptimo posible, resulta indudable que esa sociedad puede llegar a producir un conflicto de intereses entre ella y los del propio individuo, que hagan que la sociedad no sea buena para el individuo que la integra, al no ofrecerle las posibilidades necesarias para que pueda alcanzar el máximo posible.

Por todo ello se debe decir sin ambages que tampoco la sociedad podrá llegar a alcanzar dicho óptimo. Hablando en términos expresamente económicos, el desarrollo económico de cualquier sociedad se tiene que discernir de lo que es el crecimiento económico. Esto es algo absolutamente claro e incontrovertible en economía. Un crecimiento económico, por muy elevado que pueda llegar a ser, no es nunca inmediatamente asimilable al desarrollo económico de la sociedad; el desarrollo económico se encuentra ligado a factores que tienen que ver con las condiciones que puede llegar a disponer esa sociedad, para que sus integrantes puedan alcanzar y gozar de unas circunstancias dignas, y desarrollarse como personas. Esto hará a su vez que la sociedad pueda desarrollarse adecuadamente. El desarrollo económico de cualquier sociedad, en cualquier zona geográfica, se va a ver más favorecido por la existencia de un mayor número de individuos que estén en disposición de lograr un buen estado económico. Esto, que a lo largo de la historia se ha podido comprobar, es lo que aún muchos no tienen en cuenta o no saben. Por ese motivo defienden posturas económicas que abocan a la creación de una brecha de desigualdad económica en la situación económica de los integrantes de la sociedad, que conduce indefectiblemente a un colapso económico por agotar las capacidades de demanda. Puede llegar también a crear un conflicto social si esa constricción económica conduce a una depresión que haga que los individuos integrantes de esa sociedad no puedan cubrir sus mínimos vitales. Esto, obviamente tampoco va a ser muy bueno para los que pueden encontrarse en la parte superior de la sociedad.

Afortunadamente, cada vez hay más personas que se están dando cuenta de ello; incluso algunos de los que poseen patrimonios muy grandes y que se encuentran en la cúspide de la sociedad, ya lo han visto con claridad. Efectivamente, ya hay quien, estando en los primeros lugares, ha llegado a pedir que se palíe de alguna manera la situación, ofreciéndose incluso a colaborar, implicándose personalmente en ello. Cuando alguien se haga la pregunta de si la sociedad puede ser beneficiosa para el individuo, la respuesta debe ser que sí puede resultar beneficiosa, siempre y cuando esa sociedad, por las reglas a seguir que se haya dado, no impida que el individuo pueda alcanzar el propio desarrollo pertinente en cualquiera de las áreas posibles. Al igual que se puede también asegurar que el individuo será bueno para esa sociedad, en la medida que pueda aportar cualquier cosa que sea beneficiosa a dicha sociedad. Se debe tener presente que, dentro de todos esos aportes posibles, pueden existir algunos que no puedan ser valorados en términos económicos, pero que son importantes. Pensemos solo, para ilustrarlo mejor, en qué valor pueden llegar a alcanzar todas las enseñanzas que puede transmitir un abuelo a su nieto.

Protección social

En estos momentos existen muchas voces que defienden que no es conveniente que la sociedad siga ofreciendo la protección social que debería disponer el individuo. Los motivos —suelen aducir— tienen su base fundamental en que resulta un gasto enorme, y que esos recursos económicos no deben disponerse para estos menesteres, que provocan una mala asignación de los recursos. Se aduce un concepto casi darwinista, en el que el individuo es quien tiene que procurarse siempre todo lo que sea necesario para su propio bien. Conviene aclarar que dentro de la protección social se suele integrar también la educación, la sanidad, las prestaciones para las personas desfavorecidas, etc. Defienden además que se deje todo en manos del sector privado, aduciendo que con toda seguridad va a ser gestionado de una manera más eficiente, que si la gestión fuese realizada por parte del sector público, en el que no muestran ninguna confianza en cuando a su eficiencia, en aspectos de gestión o de cualquier naturaleza. En honor a la verdad, esto no siempre es así.

Existen bastantes casos, en concreto en el sector de la sanidad, que lo refutan de manera indiscutible. Se ha evidenciado que hospitales que habían venido siendo gestionados públicamente, al realizarse una privatización y tras efectuarse el análisis en lo relativo a los rendimientos de esa gestión, queda demostrado de forma palmaria que han perdido efectividad en su rendimiento gestionados por parte del sector privado. Expondré el ejemplo del Hospital Comarcal de La Ribera, en la Comunidad Valenciana de España, donde se puede ver con claridad esta situación. Allí se ha llegado a revertir finalmente la situación en lo relativo a la titularidad de su gestión, al tener que volver su gestión a manos públicas, pues los rendimientos eran del todo insostenibles. Esto abocó, lógicamente, a que los gestores privados vieran que no era rentable realizar esa gestión. Siempre hablando en un ámbito meramente económico, claro está. Dicho esto, se debe decir también que la protección social que es necesario realizar en áreas como pueden ser la educación, el sostenimiento de las personas desfavorecidas etc., por muy grande que sea el importe que se deba destinar, es algo necesario para que estos individuos no se queden de un modo que les aboque a encontrase fuera de la sociedad. Esto es algo concerniente a la moral, más allá de cualquier posible ámbito económico. Resulta del todo evidente que por moralidad y ética, no está bien dejar al albur del destino a personas que son también parte de la sociedad, y que por diversos motivos que no vienen al caso no han podido alcanzar los mínimos que pueda permitirles el desarrollo debido como personas. Esa actitud utilitarista, en la que la moral y la ética no tienen cabida, es aberrante. Me gustaría recordar algo que creo que es importante y de gran relevancia para poder comprender esto. Hace algún tiempo pude ver en televisión un experimento, en el que personas de Europa perfectamente integradas en la sociedad, iban a vivir por cierto tiempo en una sociedad selvática, absolutamente fuera de lo que habitualmente se puede entender como los usos adoptados por la sociedad occidental, o mejor dicho, por las sociedades occidentales. Después, al venir cierto número de individuos de esa sociedad —que se podría entender como inculta y sin modernidad alguna— a la nuestra, siempre recordaré cuando uno de esos selváticos vio por primera vez en su vida a una persona mendigando, sentada en el suelo y con todas sus pertenencias metidas en un carrito. Me sorprendió su actitud y su manera de tratarlo. Fue a socorrerlo, a la vez que le preguntaba por qué estaba así. Pero la enseñanza mayor que pudo hacer ese persona fue que se dirigió a los europeos que habían convivido con ellos en la selva y que ahora eran con los que iban a convivir en Europa, de una manera absolutamente recriminatoria, por permitir esa circunstancia a alguien que era de la sociedad, y mostró la decepción total que le habían ocasionado esas personas, por tener un tipo de sociedad que permitiera que ocurriera esto.

Entrando en un aspecto más económico, no hay que olvidar que todas estas personas que se encuentran desfavorecidas, si llegaran a disponer de esas oportunidades, es perfectamente posible que pudieran ser capaces de realizar aportaciones de enorme importancia a la sociedad, si es que realmente se hace el esfuerzo de integrarlas en ella. La historia se encuentra plagada de casos que lo atestiguan, y que han llegado a ser grandes médicos, científicos, etc. Esto es algo de Perogrullo; aparte de los beneficios que pueda llegar a reportar para el propio individuo, también redundará en que se pueda disponer de unas mayores posibilidades, con las que cualquier sociedad pueda alcanzar su máximo. De esta manera dispondrá de una mejor opción para poderse desarrollarse en un aspecto económico y en cualquier sentido que le sea beneficioso, a consecuencia de tener un mayor número de individuos que se encuentren disponibles para ello.

Liberalismo económico

El liberalismo económico es una corriente de pensamiento en la economía que tiene sus orígenes en el mismo principio del nacimiento de la llamada ciencia económica. El que es considerado como primer libro de economía, titulado *Causa y origen de la riqueza de las naciones*, cuyo autor es Adam Smith, y que fue publicado en el año 1776, ya defiende el liberalismo económico propugnando en él: el *laizzez faire*. Esta corriente de pensamiento económico defiende la siguiente postura: el Estado debe inmiscuirse lo menos posible en los asuntos de índole económica, y por extensión también en todos los ámbitos de la vida; en realidad, según sus seguidores, debe hacerlo nada o casi nada.

El liberalismo económico deja todo al albur de la ley de la oferta y la demanda. Esto significa que tienen la absoluta confianza en que el mercado lo regulará todo, y además la certeza de que equilibrará esa oferta y esa demanda adecuadamente. En realidad, este pensamiento es algo que, en la práctica, puede llegar a ser bastante pernicioso para el individuo y también para la economía de la sociedad. Los mercados equilibran la oferta y la demanda, pero no en el tiempo mejor para la sociedad y mucho menos para cualquier individuo. No se puede asegurar que sea posible conocer en cuánto tiempo puede llegar a equilibrarse, y mucho menos aseverar que ese equilibrio pueda llegar a alcanzarse de una manera ordenada, y sin ocasionar en el transcurso de ese tiempo unos daños que puedan ser irrecuperables para los individuos afectados y para la propia sociedad. Los defensores de esta postura aseguran que toda medida distorsionadora del mercado será siempre nociva, al hacer que sea ineficiente, y por tanto no se pueda llegar al punto óptimo real de equilibrio, el perfecto estado en el que se maximice el beneficio y se minimicen las pérdidas. Por consiguiente, según los que defienden el liberalismo económico, el Estado debe tener una participación casi inexistente en la economía.

Pero hay que reconocer que, en realidad, existen algunos sectores que, por ser de carácter estratégico, será muy complicado que el Estado no vaya a inmiscuirse. Un ejemplo es el caso de la Justicia. El liberalismo económico es en realidad una idea que defiende una postura de carácter anárquico, y que acabará siendo en cierta medida totalitaria, pues es evidente que siempre el pez grande se comerá al pequeño. Esto tiene un efecto en la práctica: la eliminación de la parte más débil. Piense en que, si en su domicilio familiar no existiera ninguna norma de conducta que regulara mínimamente la convivencia en ella, ¿cómo podría llegar a ser esa pequeña sociedad sin regulación alguna? ¿No acabaría al final siendo una selva, en la que los más fuertes serían los que al final impusieran sus intereses? O si en su empresa no existiera norma alguna que pudiera regular la vida de esa empresa, ¿qué es lo que podría llegar ocurrir, sin un marco de actuación que permitiera que la estructura empresarial funcionara de una manera adecuada? Estoy seguro de que nadie en su casa ni tampoco en su propia empresa desea que exista ninguna norma reguladora de la vida diaria. Ese estado anárquico llevaría al caos, que no es deseable en modo alguno. Si, por ejemplo, nadie regula las sustancias que pueden ser incorporadas a los alimentos, seguramente se acabará con algún gravísimo problema de salud que hará que tanto los individuos como las propias sociedades se vean indudablemente afectadas de manera negativa en numerosos aspectos, y también —obviamente— en el económico. Además, el liberalismo económico defiende la postura de que se debe dejar al libre albedrío todo lo relativo a la sanidad, la educación, etc.

El Estado no debe inmiscuirse en nada, reduciendo su actuación al mínimo en cualquier aspecto de la vida y economía. También propugna dejar al albur de su suerte a todas aquellas personas que no puedan acceder a los servicios mínimos necesarios para poder llegar a vivir dignamente. En este apartado, en concreto, se incluyen las pensiones a las que se puede llegar a tener derecho, ya que estas personas en su mayoría han ido aportando un dinero a lo largo de su vida laboral, que en un principio estaba destinado a ese efecto. Según el liberalismo económico, la sociedad no tiene por qué soportar ese esfuerzo económico. Sus partidarios están convencidos de que irá en perjuicio de la sociedad en términos económicos, ya que esos recursos se pueden emplear en otros asuntos. También, al no tener que sufragarlos, no es necesario que recaudarlos, con todo lo que ello conlleva. Pero hay que tener en cuenta que una sociedad que se desentiende de sus miembros más desfavorecidos, finalmente se verá afectada muy negativamente, precisamente a causa de que una selva nunca ofrece seguridad para nadie, y la seguridad es la base de la confianza necesaria para poder realizar cualquier acto económico. Y esto no se debe dejar de recordarse nunca.

Pobreza y empleo

Pobreza, empleo y desigualdad se encuentran íntimamente ligados. El desempleo, obviamente, aboca a la pobreza. Además, se debe tener en cuenta que un empleo que no tenga una retribución suficiente para poder vivir dignamente tampoco es una buena solución para no encontrarse en la pobreza. Hoy en día estamos viendo que existen desafortunadamente demasiados trabajadores que, aun realizando una muy buena labor en su puesto de trabajo, no son capaces de poder llegar a fin de mes, y eso sin realizar más gastos que los que puedan habilitar para poder vivir de una manera digna. Esto también se puede considerar a todas luces como un estado de pobreza.

No cabe duda que, en lo relativo al aspecto económico, el poder disponer de un buen empleo es absolutamente imprescindible para no encontrarse en la práctica en un estado de pobreza, salvo que se puedan obtener otros ingresos de cuantía igual o mayor de alguna otra manera. La pobreza de cualquier individuo integrante de una sociedad redunda en toda la sociedad, lastrándola de muchas maneras. Por supuesto, esa afección influirá de una manera desfavorable en su economía. Obviamente, si existe un número pequeño de individuos en esa lamentable situación, ese lastre será menor que si existe un número mayor, que realmente pueda representar una proporción importante dentro de cualquier sociedad. En muchas ocasiones, cuando las sociedades son pobres, la causa no es que estén implantadas en una determinada zona geográfica con factores propios en contra, como tratarse de una región que no disponga de los recursos naturales adecuados para poder desarrollarse, o que se encuentre en un punto demasiado alejado de los posibles centros de los negocios que pudieran llegar a existir. Un país que refuta esa creencia es Japón. Este país no dispone de ningún recurso minero destacable, y los países de su entorno tampoco tienen unas características que pudieran señalarlos como posibles buenos clientes de Japón; de hecho, la mayoría no tiene una buena economía. Y sin embargo, Japón forma parte en la actualidad de los países económicamente más fuertes del mundo. Existe una causa que resulta ser en numerosas ocasiones determinante, y que debe ser tenida en cuenta: los individuos, al ver que a pesar de todos los diversos intentos que han venido realizando con anterioridad para salir de esa situación de pobreza, y viendo que al final no llegan a poder alcanzar ningún éxito, finalmente desfallecen, se rinden, dejan de realizar ningún intento más para conformarse con la situación que tienen. Esa aceptación hace que el individuo no pueda salir habitualmente de la situación de pobreza, lo que aboca a todo lo que puede conllevar negativamente ello. No solo será malo en relación a la economía que pueda disponer cualquier individuo, sino que además puede lastrar a sus propios familiares y descendientes, al no poder disponer de los recursos económicos suficientes, lo que le imposibilita poder ofrecerles lo necesario. Además, esos familiares también deberán

emplear sus propios recursos en el socorro del individuo, lo cual ocasionará que dichos recursos no puedan
ser asignados para otros asuntos que pueden ser de gran
interés, obviamente también económico. Además, todo
ello también redundará en la sociedad.

Me gustaría destacar, antes de finalizar este capítulo, que
la pobreza es un estado en el que no existe libertad. Esto
es una interesante materia de reflexión. Pensemos tan
solo en si un individuo que se encuentra en un estado
de pobreza, puede llegar a tener la libertad para realizar
un viaje a cualquier lugar e incluso pasar algún tiempo
en él. Es evidente que la pobreza es, en definitiva, una
esclavitud que por lo general provoca que el individuo,
y por extensión la propia sociedad en la que se integra,
posea ese estado. Y cuando se es un esclavo se es a la
vez sumiso, lo cual hace que se soporten todo tipo de
tropelías, que de otra manera seguramente hubieran sido
contestadas con alguna forma de oposición a las mismas.
Por lo tanto, todo esto es algo bastante desfavorable para
todos, siendo negativo incluso para aquellos individuos
que puedan encontrarse en un estado económico diametralmente opuesto. Una sociedad no puede llegar a desarrollarse económicamente cuando una gran parte de ella
se encuentra en un estado de pobreza. La pequeña parte
que pueda estar en un buen estado económico, nunca
será suficiente para poder aportar todos los recursos necesarios para hacerlo.

Por eso, hablando estrictamente en términos económicos, y dejando de lado otros motivos de cualquier otra

índole, no conviene en modo alguno que la pobreza se extienda. Se debe intentar su erradicación de una manera sostenible a lo largo del tiempo, pues obviamente no servirá de mucho que sea erradicada, para que finalmente, en un periodo de tiempo más o menos corto, se vuelva a caer en ella.

Política y poder

El poder real que se detenta, para que en la práctica se puedan llegar a dominar las situaciones a las que debe enfrentarse habitualmente cada individuo, y consiguientemente cada sociedad, se encuentra absolutamente unido a los entresijos de la política. El poder que poseen los que se encuentran en la cima de cualquier sociedad del mundo, hace que sus intereses puedan ser defendidos de una manera mejor, si las decisiones que pueden tomarse en el ámbito de la política les son favorables con el fin de alcanzar los fines para lograr los objetivos deseados. De esta manera pueden tener acceso a un sin fin de medios, lo que sin duda les ayudará a conseguirlo o, según el caso, a continuar ostentándolo. Un claro ejemplo de ello es que pueden contar con cierto número de vías de comunicación que pueden hacer que la opinión pública se torne a favor de todos esos intereses que les son favorables, y que sin duda alguna son de vital importancia para ese objetivo perseguido. El poder, además, va polarizándose día a día, en el sentido de que es detentado por un número cada vez menor de personas, instituciones, empresas o como se las quiera denominar. Esta dispersión tiene una clara tendencia ser tal vez erradicada, concentrándose el poder en muy pocos centros en el mundo. Dicho esto, puede suscitarse entre algunas personas la siguiente pregunta: «¿En manos de quién está realmente el poder?». Pues a pesar de que muchos que tienen el convencimiento de que reside en la política, el verdadero poder que se puede alcanzar y ejercer es un asunto es muy controvertido. Se trata de una postura que puede ser refutada, a tenor de los hechos que en numerosas ocasiones podemos apreciar. Hay que reconocer que cada día son más los que defienden la tesis de que el poder real es detentado en la práctica por los poderes financieros. No cabe duda de que el dinero es en realidad lo que mueve el mundo, y las finanzas, al ser el verdadero motor de todo, detentan también el poder en otros centros como son las empresas globalizadas, líderes en su mercado, conocidas comúnmente como «multinacionales». Habiendo comprendido esta aproximación preliminar al capítulo, es muy posible que usted se pregunte entonces quién es realmente el que detenta el poder en nuestra sociedad.

Es evidente que en la práctica, los políticos propongan las normas que rigen todas las sociedades y finalmente promulguen las leyes correspondientes. Se podría llegar a concluir, por este hecho, que la política es la que detenta ese poder. En la práctica, precisamente por la capacidad de poder crear cualquier norma para regular las relaciones de las sociedades, son los políticos quienes lo ostentan en su totalidad. Se debe señalar, no obstante, que esto puede ser a veces un espejismo. En innumerables ocasiones, esos poderes a los que se ha aludido, y que evidentemente son ajenos a la política, suelen realizar presiones en materia de legislación, siempre en el sentido de que les sean favorables a sus intereses. Y entonces, en realidad, es esa parte de la sociedad la que en la práctica detenta el poder. Conviene no pasar por alto que, en ocasiones, tratan de que sean elegidos los líderes políticos que sean más afines a sus objetivos, a través de presiones de diversa índole, interfiriendo por ello en el propio devenir natural de lo que se puede entender como el comportamiento de la política. Cada vez es más evidente, que muchos partidos políticos son financiados por parte de esos poderes, que en la práctica actúan como poderes fácticos. Pero dicho esto, cabe preguntarse también, retomando el ámbito económico, si todo ello resulta ser bueno para el individuo y para la propia sociedad en la que se encuentra integrado.

Es conveniente señalar que las normas reguladoras siempre serán buenas o malas, no en función de quién las haga, sino de si son adecuadas o no para el pertinente desarrollo del individuo y de la sociedad. Hay que pensar en que si alguna norma ocasiona que al individuo se le impida alcanzar cualquier tipo de desarrollo, primeramente en tanto que tal y también en un ámbito económico, esa norma irá en un sentido contrario y lesionará en la práctica sus intereses. La función principal de la política es precisamente dar origen a las normas que regulen las relaciones de los individuos, y en definitiva a las sociedades. Pero no se debe olvidar nunca que en realidad esas normas pueden ser hechas exclusivamente en función del servicio de unos intereses, para que sirvan a la consecución de ciertos planes estratégicos de una parte de la sociedad en exclusiva, que ayuden a alcanzar unos objetivos que únicamente sean beneficiosos para esos detentadores del poder señalados anteriormente. Y esto, en la medida en que se encuentra distanciado del propio interés del individuo y de la sociedad, indudablemente les afectará de manera negativa, y es probable que acabe por perjudicarles a todos en materia económica. La razón habrá sido el hacer que esas normas perjudiquen a la mayoría, y así sea imposible poder alcanzar el máximo posible, hablando en términos económicos.

Los medios de comunicación

Los medios de comunicación son —particularmente hoy en día— un pilar importantísimo para prácticamente todos los individuos, y por extensión para la misma sociedad. La comunicación de todo lo que sucede se siente como una necesidad imperiosa y vital para muchos individuos. Aunque vemos diariamente que estas comunicaciones que se producen son absolutamente prescindibles. Además, confluye también la premisa característica de que debe ser la inmediatez la que prime. Lo cierto es que este tipo de comunicación basa su fundamento en principios generalmente espurios. Simplemente hay que hacer la reflexión sobre ello, en el sentido de analizar si, en realidad, es necesario comunicar todo y casi en tiempo real. Hay muchas personas que lo realizan diariamente y que lo tienen como su principal máxima en este asunto. Pensemos en toda la cantidad de mensajes, incluso de manera gráfica, que cada minuto se pueden ver en todas las redes sociales que existen, exponiendo asuntos que más bien pudieran ser considerados de índole privada. Parece evidente que actualmente se ha perdido todo vestigio del más mínimo pudor conducente a que pueda existir discreción alguna en asuntos que realmente pueden ser del todo sorprendentes. Por poner un ejemplo, mencionemos esas fotografías recién hechas que son expuestas en cualquiera de esas redes sociales. Parece que las personas se han desprendido de los principios y valores que eran considerados hasta la fecha. Una vez expuesto todo esto a modo de inicio de este tema, hay que reconocer que a través de la comunicación también se pueden llegar a alcanzar interesantes y grandes logros que pueden llegar a ser bastante beneficiosos para cualquier individuo. Lo importante, claro está, es que sean todos buenos y no sean al final perjudiciales para el individuo. Por poner un sencillo ejemplo que todo el mundo pueda entender, que esa información sea sobre algo que rompa la privacidad de ese individuo de una manera negativa. Pensemos tan solo que se publique una foto de una persona que se encuentra en brazos de una mujer que no es la suya. Esto le provocará unos problemas lógicos con su familia. Además, se debe considerar que actualmente es indiscutible que, aprovechando todo ese ingente número de medios que posibilitan cualquier comunicación, que además se suele hacer con una inmediatez que raya el tiempo real, se ha dado lugar a que se emplee esta posibilidad para generar noticias absolutamente falsas, lanzadas a través de los medios con unas intenciones aviesas que tratan de influir de alguna manera en la percepción de los individuos, con el fin de manejarlos en un sentido sea favorable a sus intereses. Este asunto ha llegado a tales extremos que realmente está induciendo a una gran preocupación en gobiernos, instituciones, empresas, individuos y un largo etcétera. Esto seguramente va a provocar que todos ellos se vean en la necesidad de dejar de tener las informaciones que les puedan llegar como ciertas, lo que abocará a que toda información tenga que ser verificada antes de tenerla en cuenta. De esta manera se ralentizará todo y dará un cierto grado de inseguridad, algo bastante nocivo para la toma de cualquier tipo de decisión. Para que se pueda adoptar cualquier decisión con cierto grado de mínima posibilidad de éxito, se debe tener un conocimiento real para que así se pueda llegar a comprender cualquier asunto. Debemos señalar que en la práctica toda esta inmediatez que se está imprimiendo a todas las noticias que se comunican a través de todos los medios posibles de comunicación, provoca que actualmente cualquier noticia se llegue a quedar obsoleta en minutos. La cantidad de información que se vierte al minuto es tal, que es prácticamente imposible poder asimilarla toda. Hay que señalar que hay muchísimas informaciones que pueden ser de alguna relevancia, a las que son del todo imposible realizar tratamiento informativo alguno. Esto, sin duda alguna, puede ser algo negativo para el individuo, al no poder incorporar a su saber esas informaciones que se han debido quedar fuera de su ámbito de conocimiento. Dicho conocimiento le puede ayudar en la toma de decisiones. Lo cual, lógicamente, al existir un cierto detrimento en la posible efectividad que se pueda alcanzar por parte de ese individuo en lo relativo a la economía, es obvio que también ocasionará un perjuicio a la sociedad, al no lograr por su causa el máximo posible. Por tanto, se puede decir categóricamente que la importancia que tienen los medios de comunicación en nuestros días, hace que todos debieran poner especial esfuerzo en seguir unas normas deontológicas que, además de señalar concretamente lo relativo a la veracidad y cuidar extremadamente todo lo relacionado con cualquier tipo de información, llevara a no publicarla si no se ha podido verificar, en aras de no ocasionar perjuicios que pueden ser muy importantes para los individuos y las sociedades. Antes, cuando se veía algo publicado en cualquier medio de comunicación, siempre era asumido como verdadero, pues los medios preferían no publicar nunca nada que no estuviera contrastado y por lo tanto verificado. Ese interés por mentir que manifiestan algunas veces algunos medios de comunicación, provocará que al final redunde indefectiblemente en un perjuicio muy nocivo para ellos mismos.

El medio ambiente

El medio ambiente mediatiza en la práctica a los individuos, y por ende también a las sociedades. El medio ambiente hace alusión al hábitat o medio en el que nos encontramos todos. Desde hace ya algunas décadas nos vamos concienciando sobre que se debe tener siempre presente el medio ambiente en nuestras acciones, y se va teniendo un claro objetivo de preservación en todo lo relacionado con él. Antes hay que señalar que tanto individuos como instituciones integrantes de la sociedad no tenían presente en modo alguno al medio ambiente en sus acciones. Para ilustrar mejor esto, debemos pensar en la cantidad de vertidos con unos altísimos grados de toxicidad que se solían realizar habitualmente a los ríos, y que envenenaban no solo a la fauna y flora que se encontraban en él, sino también a todos los demás seres vivos que tenían alguna relación con ese río. Lo mismo se puede aplicar al medio marino, donde ahora se está pudiendo ver palpablemente cuáles son las consecuencias reales del lanzamiento a los mares y los océanos de los residuos plásticos que se han venido realizando, y que están creando tantos problemas, que cada día se suman más organismos internacionales que muestran su seguimiento e interés en este asunto. Existe una gran preocupación al respecto, porque existe la evidencia de que se encuentra en los mares y océanos tal cantidad de plásticos, que ya representan una superficie agregada tan enorme, que llega a superar en extensión a lo que ocupan en kilómetros cuadrados numerosos países. Esto está creando un temor en cuanto a que sea imposible disponer de una vía sostenible para la propia persistencia saludable del planeta. En lo relativo a la economía, se puede aseverar que al individuo le afecta el medio ambiente, a veces de una manera positiva y otras de una forma negativa. Para poder ilustrar mejor esto se pueden exponer dos sencillos ejemplos. Pensemos en que, como se ha podido preservar el medio ambiente, tenemos la posibilidad de poder vivir dentro de un paraje en el que se puede gozar de un hábitat que permite que vivan perfectamente animales en su estado natural. De no existir este estado del medio ambiente, resulta evidente que esos animales nunca podrían encontrarse en ese lugar; a consecuencia de ello se puede llegar a desarrollar en ese lugar un tipo de negocio, basado precisamente en la contemplación de esos animales, que permitirá de esta manera al individuo poder alcanzar un buen estado económico a través de su explotación. Esto le puede resultar beneficioso. En sentido contrario, al disponer de un medio ambiente que es malo, tendente a afectar a la calidad del aire de manera negativa, podemos vernos abocados a que en nuestra explotación agraria de árboles frutales, estos se estén muriendo por dicha causa, lo cual obviamente va a hacer nos veamos en la tesitura de cerrar dicha explotación, con las consiguientes pérdidas económicas lógicas que con toda seguridad conllevará ello. Esto realmente puede llegar a ocurrir —por tanto, no es meramente una ficción—, y si la afección es en realidad negativa para el individuo, este decremento, visto desde un punto de vista estrictamente económico, también afectará de manera negativa a la sociedad. Esta se encontrará con la posibilidad de no poder llegar a disponer de esa parte adicional a su estado en materia económica, que haga que la posibilidad de poder alcanzar su posible óptimo, lógicamente no llegue a ser alcanzado. Por otra parte, teniendo a disposición dicha sociedad todos los recursos posibles, al poder gozar de un medioambiente sano sí se puede llegar a alcanzar ese óptimo, en el caso imprescindible de que se emprendan al final todas las acciones oportunas para utilizar dicha oportunidad, y se alcance el éxito. Hoy en día todo esto se está comprendiendo muy bien, y es precisamente la causa de que cada vez más el medio ambiente sea algo considerado como de una vital importancia. De su buen estado puede depender que muchas regiones geográficas tengan unas sociedades cuya viabilidad económica pueda llegar a peligrar seriamente, abocando incluso a que no puedan disponer de un buen estado económico, y conduciendo a situaciones de pobreza a los individuos que las integran. Ese posible escenario no conviene a nadie, si se quiere que exista un oportuno crecimiento económico del que todos se puedan beneficiar, y que —todo hay que decirlo—, es perseguido por todos, pero aún con más ahínco por los que se encuentran en lo más alto de la pirámide de la riqueza. Ellos son los que se llevan la mayor parte de ese posible crecimiento económico que se pueda llegar a alcanzar. Por lo tanto, sin la existencia de crecimiento económico alguno, es lógico pensar que será mucho más dificultoso poder alcanzar el objetivo deseado por esta parte de la sociedad. En el caso de que esa riqueza pueda ser al final distribuida de una manera que permita que el resto de los individuos integrantes de la sociedad alcance algo de ella, resultará ser también beneficiosa para la propia sociedad. El beneficio será entonces mayor, en la medida en que dichos individuos son obviamente un número mayor.

La seguridad

La seguridad es algo de capital importancia para la vida del individuo, en todo tipo de sociedad. Es evidente que la existencia de un clima de inseguridad no ayuda en modo alguno a que alguien pueda encontrarse en un estado de tranquilidad, que siempre es el que permite que se pueda estar dispuesto a desarrollar cualquier acción que vaya en aras del propio desarrollo. La inseguridad originada por cualquier tipo de causa aboca a que se provoque un temor a ese algo que puede llegar a suceder en un futuro. El miedo hace que el individuo tenga entonces un pensamiento que, ante el temor a posibles hechos venideros, le lleva a la incertidumbre. Al existir dicha situación, en la que no se tiene certeza de si en el futuro se podrá disponer de la seguridad deseada, es lógico que el individuo se retraiga en realizar muchas acciones que pudiera emprender en un estado de seguridad. Ahora, esa posible inseguridad le suscita que lo más aconsejable, en virtud de una prudencia debida, es no llegar a acometerlas. Pensemos que si existe la posibilidad de que en un futuro cercano seamos despedidos de nuestro empleo, seguro que si tuviésemos en mente cambiar nuestro coche actual por otro nuevo, desistamos de ello. Es un hecho incontestable que la seguridad te otorga libertad. Por consiguiente, cuando uno se encuentra en una situación de inseguridad, al no tener libertad para realizar cualquier asunto, esto va a provocar que el desarrollo, tanto en lo personal, como en los aspectos con un estricto carácter económico, se ralentice e incluso pueda llegar a detenerse en su totalidad. Si alguien no tiene la seguridad de tener una continuidad en condiciones mínimamente necesarias para poder alcanzar dicho desarrollo, con toda seguridad no lo alcanzará. Hablando del campo de la seguridad, entendida como física de la propia integridad del individuo, o sea, de la posibilidad de que existan agresiones físicas, hay que decir que esta puede llegar a ser la peor inseguridad existente, porque implica el riesgo de pérdida de la propia vida. Es evidente que esto es algo muy tenido en cuenta desde tiempo inmemorial, pues solamente hay que recordar el origen del poder nobiliario en la Edad Media. Este se estableció como consecuencia de la necesidad de auxilio por parte de alguien, para poder disponer de esa seguridad física que veían peligrar, siempre que sufrían ataques provenientes del exterior con el fin de hurtarles sus haciendas e incluso sus propias vidas.

Surgió por ello la figura necesaria de un garante, que habitualmente se veía en la necesidad de emplear la fuerza para poder ofrecer esa seguridad a esos individuos. De este modo se erigía como dueño de un poder, para así disponerlo a su libre albedrío, por el hecho de haber eliminado dicho estado de inseguridad. Siempre que algo sea bueno para el individuo, se puede extrapolar a la sociedad, diciendo que se verá, con toda seguridad, afectada de manera positiva por ello. La inseguridad viene definida por causas externas a la sociedad, como es el caso del ejemplo expuesto anteriormente, y también por causas que provenientes del interior de esa sociedad. En este caso se encuentra la no existencia de una seguridad suficiente para el individuo, causada por la violencia que infligen robos, asaltos, etc., realizados por individuos ajenos a dicha sociedad. Esto es algo muy preocupante para muchos, y que indudablemente afecta finalmente a toda la sociedad. Cada vez más, se puede comprobar que día a día son mayores los recursos empleados por parte de individuos y sociedades para poder garantizar la seguridad. El coste se incrementa en el transcurso del tiempo y provoca que dichos recursos no puedan ser empleados en otro tipo de asuntos, que tal vez pudieran ofrecer una mayor rentabilidad para ellos. Para ilustrar mejor todo lo que se ha expuesto, pensemos en el ingente número de recursos —de hecho, cada vez mayor— que se emplean en los cuerpos y fuerzas de seguridad del Estado. Esto indudablemente representa un coste enorme para las sociedades, pero se ha vuelto absolutamente necesario como consecuencia de la existencia de una inseguridad que realmente —es algo que no se puede refutar— cercena la libertad.

Debemos señalar con absoluta claridad que sin poder gozar de libertad resulta una imposibilidad total el alcance de la realización de lo máximo posible en cualquier orden de la vida, debido obviamente al temor que paraliza los actos que se deben realizar. Pensemos, para ilustrarlo mejor, en una empresa en la que sus trabajadores, precisamente por la inseguridad que provoca cualquier clase miedo, no se atreven a aportar ninguna idea para poder mejorar esa empresa ni siquiera lo más mínimo, y el daño económico que finalmente puede llegar a originar el hecho de no poder gozar de una seguridad de este tipo o de cualquier otro.

Principios y valores

Antes de empezar con este capítulo, creo que resulta necesario explicar estos dos términos filosóficos, porque existen demasiadas personas que los confunden, llegándolos a asimilar en su totalidad, y otras no son capaces de identificar su significado real. Se debe señalar que existe una clara diferencia, que conviene conocer, entre lo que son en realidad. Los principios son normas que vienen a enmarcar las acciones de las personas, y que normalmente son adquiridas por la propia persona a lo largo de su vida. Desde que el individuo tiene uso de razón, gran parte de ellos se suelen fijar en el individuo. Por citar alguno a modo de ejemplo, podemos mencionar el respeto, la perseverancia, etc. Por su parte, los valores los complementan, ya que son en principio algo inherente a la propia persona, que viene a señalar características que contiene cualquier individuo, como pueden ser la generosidad, la justicia, la lealtad y un largo etcétera. Hoy en día está extendido, cada vez en un mayor grado, que el comportamiento del individuo regido por unos principios y valores es ya algo fuera de lugar. Nos encontramos en una sociedad en la que se relativiza todo, y en la que además se prima el utilitarismo, al que se acompaña de la característica del «cortoplacismo», frente a una manera de conducirse bajo esos principios y valores, que han venido siendo utilizados para servir de rumbo en el comportamiento de las personas, así como en la manera de que se produce la propia sociedad, cuando existe la circunstancia de que se producen unos determinados hechos a los que se puede aplicar lo mencionado. De esta manera, se daba lugar a que se pudiera conocer de antemano un marco de actuación en lo relativo a cuáles eran los límites y las conductas previsibles. Estas darían lugar a posibles decisiones y adopciones de posturas en esas situaciones que se presentaban. Ahora —porque se ha erradicado en demasiadas ocasiones— ya no se puede tener ese referente para poder saber la manera en que se pueden llegar a desarrollar ciertos asuntos. Si existieran esos principios y valores, se podrían llegar a conocer de antemano muchas posibilidades en lo relativo a su resolución, al disponer de un marco de comportamiento. Esto es algo que puede ser bastante beneficioso para todos. Ahora, al no adoptar referente alguno de actuación, se entra en un campo de incertidumbre que siempre frena —o como mínimo ralentiza— las relaciones humanas, bien sean estas de carácter económico o de cualquier orden. Dicho esto, se puede llegar a plantear una duda, que es si poseer y conducirse a través de los principios y valores de la persona, puede realmente en la práctica ser rentable en un aspecto puramente económico. Esta pregunta, formulada de una manera tan directa, resulta bastante dura de asimilar, pero como en esta obra hay que dar un enfoque económico a todos los temas, cabe por lo tanto su formulación y se hará su tratamiento, por supuesto en esos mismos términos. Hay que reconocer que la economía, si puede llegar a funcionar, es precisamente porque existe una confianza suficiente que permite que los agentes económicos decidan realizar transacciones económicas. No se debe olvidar que toda transacción económica tiene siempre la confianza como su fundamento. Pensemos que si se debe enviar una mercancía a algún lugar, esto se realizará siempre y cuando exista confianza por parte del vendedor y el comprador en que las condiciones que son deseadas por ambos vayan finalmente a materializarse, sin que exista pega alguna que cambie los pactos realizados para ello. Luego se puede colegir que actuar bajo unos principios y valores va a ayudar a crear un sentir en lo relativo a la confianza, que abocará en un beneficio para el propio individuo —siempre hablando estrictamente en términos económicos— al favorecer la realización de esas transacciones económicas. Por ende, resultará también bueno para la sociedad, al poder esta beneficiarse de ello. Si no pudiera existir esa posibilidad de alcanzar un beneficio, es evidente que no podrían alcanzar, ni el individuo ni tampoco la sociedad, el máximo que podría lograrse al realizarse esas transacciones. Por lo tanto, se puede decir sin duda alguna que la defensa de unos principios y valores conviene que sea defendida por todos. Su existencia se debe reconocer como algo muy conveniente, para que al final no redunde siempre y de manera irrefutable en un detrimento que afectará a cualquier individuo y, lógicamente, también a cualquier sociedad. Esa corriente de pensamiento que señala que todo eso se ha quedado obsoleto —en algunas ocasiones por un posible desconocimiento, y por ciertos intereses bastardos en otras muchas otras— en realidad lo que va a provocar es no solo una destrucción de la economía, sino además que la sociedad se vea muy negativamente afectada por ello, pudiendo llegarse incluso a la situación extrema de que la estructura de las sociedades quede en gran medida destruida, con lo que ello puede llegar a conllevar. Es muy posible que sea muy nocivo para todos sus integrantes.

Ética y moral

Este capítulo va a tratar sobre la ética y la moral. Es posible que algunas personas puedan llegar a pensar que esta parte de la filosofía es bastante desagradable de leer, pues puede exigir un cierto nivel de pensamiento, con una profundidad que en algunos casos no se quiera llegar a realizar. Pero debemos señalar que vamos a tratar este capítulo de la manera más amena posible, y sin que presente ninguna dificultad para nadie. Conviene por tanto iniciarlo con la exposición de qué son estos dos términos, pues hay personas que no llegan a diferenciarlos de una manera adecuada, e incluso llegan a igualarlos totalmente. Se debe decir que en el ámbito de la filosofía, la ética es todo lo que concierne al discernimiento del bien y del mal; es decir, llevar a cabo la diferenciación entre lo que está bien hecho y lo que está mal hecho. Se debe señalar que por moral se entiende todas las costumbres y normas que en su conjunto son consideradas como buenas para lo que es en sí el propio proceder del comportamiento de la persona, y que también coadyuvan a permitir que se dé base a poder realizar un juicio adecuado de todo ello, dentro de una sociedad. Una vez expuesto esto, y entendido que en la práctica son un marco de actuación de las personas, y que además pueden ser también un marco para la propia sociedad, cabe señalar que la posesión de una ética y una moral puede regular las relaciones entre las personas y, por extensión, las de la propia sociedad. Muchas personas piensan que en nuestros días, al encontrarnos en una aldea global siempre cambiante, con el factor de que además es casi siempre en un periodo de tiempo relativamente corto, el proceder con ética y moral es algo que ahora ya no tiene mucho sentido. Pero si pensamos de esta manera, que defiende que las mejores conductas a adoptar son las que realmente convienen en cada momento a los propios intereses de cada parte, dejando de lado lo que está bien o está mal, indudablemente nos encontraremos ante un escenario bastante inestable, y que abocará indefectiblemente a algo que bien pudiera asemejarse a una selva, en la que la ley es la del más fuerte. Este proceder, dejando de lado toda ética y moral, aboca a que pueda existir además una cierta incertidumbre sobre la manera en la que se puede llegar a esperar que se proceda ante cualquier circunstancia, que en cambio se halla bajo un proceder regido por una ética y moral ya determinada. Esto, evidentemente, ayudará a poder conocer algunas conductas que puedan llevarse a cabo con anterioridad a que suceda dicha circunstancia. También ayudará que por esta causa las adopciones de posturas y acciones que se lleguen a realizar, al ser conocido de antemano algo que puede esperarse que suceda, permitirá que se emprendan en la práctica asuntos que puedan ser al final susceptibles de aportar en la práctica cualquier beneficio para el individuo. Pensemos simplemente que invitamos a nuestro hogar a una persona. Es lógico pensar que, porque se rige por una ética y una moral, ese invitado jamás nos robará ningún objeto de nuestro hogar. En sentido contrario, al no existir ética ni moral alguna que pueda regir la conducta de nadie, si usted se para a socorrer a algún necesitado en cualquier accidente en una vía pública, puede que le sea robada la cartera que ha debido de dejar de lado para poder realizar correctamente ese auxilio. Sin duda, eso hará que cualquier individuo se retraiga a la hora de llevar a cabo cualquier clase de acto. Por tanto, si no existe la confianza en que lo propuesto vaya a finalizar con algo positivo, como consecuencia precisamente de existir estas normas de comportamiento se pueden llegar a tener que soportar otras circunstancias, muy perjudiciales para los intereses que se hayan podido presupuestar. Hablando en términos económicos, esto redundará —lógicamente— en que los posibles beneficios que puedan llegar a derivarse de la adopción de cualquier acción o postura, se dejen de percibir precisamente por no acometer —por temor a esa incertidumbre— muchos asuntos. Es evidente que esto provocará a su vez un perjuicio económico para el individuo, al no poder obtener los posibles beneficios derivados de ello. Es obvio que esto no solo ocasionará el perjuicio al individuo, sino que, al formar parte el individuo de una sociedad, indubitablemente esta se verá también afectada, por no poder alcanzar a la propia sociedad esos posibles beneficios que pudiera aportar ese individuo. Dicho todo esto, supongo que usted ya podrá haber colegido que el regirse en base a una ética y una moral, aún hoy en la actualidad, no se puede decir que se ha quedado ya como fuera de moda, porque es evidente que las conductas éticas y morales aún hoy en día son de vital importancia no solo para las relaciones humanas sino también para las relaciones económicas de individuos y de sociedades. Cuando nada se rige con un cierto marco límite de actuación, resulta del todo imposible llegar a alcanzar un mínimo de libertad. Y sin esa libertad, absolutamente necesaria, jamás se podrán realizar muchos actos en torno a lo que puede ser más personal para el individuo, y —siguiendo con nuestro preciso ámbito— dentro de lo que es la economía tampoco se llevarán a cabo muchas transacciones económicas, lo que finalmente también redundará en la sociedad en la que está integrado ese individuo.

El conocimiento

El conocimiento es algo fundamental para el correcto desarrollo del individuo y de la sociedad. El conocimiento es la base en la que se fundamenta, en la práctica, todo tipo de poder susceptible de ser alcanzado y ejercido. Ese conocimiento permite diferenciarse y afianzarse en todas esas posiciones que permiten encontrarse con la tenencia del poder, a los que pueden disponer de él. A través de un conocimiento que sea superior al del resto se puede obtener un respeto de las demás personas hacia los que detentan ese poder, que ayude a obtenerlo y conservarlo. Hay que reconocer que el respeto es vital para que sea posible obtener el poder, de cualquier tipo que sea. Salvo que este sea por vías de fuerza, de cariño o de ascendencia, lo cual hace que el respeto se vea afectado, de manera que llegue a tener una importancia relegada a un segundo orden. Se debe tener en cuenta que al final, ese respeto será siempre el que en la práctica permita alcanzar el poder. Dicho esto, —sin duda, algo fácil de entender—, en cuanto al conocimiento se debe señalar que, para el individuo, siempre va ser positivo el poder gozar de cuanto más conocimiento, mejor. El conocimiento también va redundar en que el individuo pueda tener una noción más fidedigna de múltiples asuntos, que pueden tener una vital importancia en muchos casos, y no solo de índole económica, sino de cualquier otra naturaleza. Son asuntos que en numerosas ocasiones serán de una importancia vital, hasta el punto que cualquier individuo, por poseer ese conocimiento, se encontrará en un estado económico que será bueno, y si carece de él será malo. A lo largo de la vida de cualquier individuo, todos los días y a todas horas se deben adoptar decisiones en las que es absolutamente necesario poder disponer del conocimiento para realizar la adopción de una elección que pueda ser favorable. Es algo obvio que, si finalmente esa adopción resulta no ser buena, puede conducirnos a una situación en cualquiera de los aspectos de la vida, que en modo alguno sea deseable o incluso pueda resultar muy negativa, teniendo su origen precisamente en esa falta de conocimiento. Existen estudios sobre el número real de decisiones que cualquier individuo tiene que adoptar en su vida diaria en un solo día; en muchos casos las decisiones alcanzan los varios cientos. Por exponer un simple ejemplo, ilustrativo de la importancia que tiene el conocimiento, se debe señalar que desde el minuto cero de la vida diaria de cada individuo, este debe ver ya las decisiones que tiene que elegir, desde si va a tener que levantarse de la cama o va a poder dejar para algo más tarde. Y es algo evidente que esa necesidad de adopción de decisiones de toda índole siempre es así, a lo largo de todos los día de la vida de cualquier individuo. Pero para poder llegar a decidirlo con un grado de fundamento que pueda ofrecer al menos unas mínimas garantías, es obviamente necesario poder disponer de un criterio que no sea incorrecto. Este criterio se debe expresar de modo que pueda llegar a formarse solo a través de la posesión de un conocimiento correcto, que convenga lo mejor posible en aras de esa posible pertinencia relativa a cualquier hecho posible, para poder llegar así a contar con el mínimo de posibilidades existentes, de modo que sea al final una buena decisión que le pueda ser desfavorable. Volviendo a nuestro sencillo ejemplo anterior y al hilo de él, siempre con la intención de fijar nuestras ideas, si no se conoce cuánto tiempo nos va a llevar estar en la posición en la que pudiéramos querer estar, —una vez después de habernos levantado de la cama y tras conocer el tiempo en el que es posible realizar todo lo necesario para poder llegar a alcanzar dicha posición—, será lógicamente muy difícil que podamos adoptar una buena decisión sobre si conviene que nos levantemos ya de la cama o no. Es necesario hacerlo si se desea, porque se puede disponer de tiempo suficiente para posponer esa acción por las causas expuestas. Todo esto, que afecta de una manera exclusiva al individuo, puede llegar a afectar también a la sociedad, como consecuencia de los errores que puedan cometerse. Por citar un ejemplo que continúe la línea de lo expuesto, puede llegar a ocasionar una falta de conocimiento en la que dicho individuo, al no llegar a tiempo a un determinado asunto que debe realizarse, se vea afectado directamente, en un sentido de pérdida en el campo económico. Además, esa acción que le ha llevado a la imposibilidad de una consecución de cualquier beneficio económico, puede trasladarse a su vez a la sociedad, por dejar esta de poder obtener ese posible beneficio económico, que pudiera llegar a ser incrementado en su haber.

Por todo lo anterior, podemos aseverar sin ningún género de dudas que todo conocimiento y su pertinente tratamiento de una manera adecuada, siempre será algo de una extremada importancia para poder llegar a disponer de un buen estado económico. No solo —obviamente— por parte de cualquier individuo, sino también para cualquier sociedad en la que aquel se encuentre integrado, por mor de todos esos posibles beneficios de índole económico que pueda obtener, si encuentra relacionado su origen con cualquier tipo de conocimiento que derive en la práctica en un carácter que sea favorable para ello.

La formación y la cultura

Creo que es conveniente comenzar este capítulo dedicado a la cultura y la formación haciendo una descripción de lo que realmente significan estos dos términos. Es del todo necesario tener claro su verdadero significado, para así poder realizar todas las apreciaciones y matizaciones pertinentes en lo relativo a ambos temas. La cultura hace alusión a todo el entorno que engloba cualquier aspecto relativo a las creencias, suposiciones y presunciones, que en la práctica hacen que se tengan unas ideas ya preconcebidas que abocan a unas determinados actitudes en relación a cualquier hecho que ocurra. Es habitual, por tanto, que marquen la conducta a seguir, generalmente en relación con cualquier tipo de circunstancia ocurrida.

Por lo general, la cultura también se entiende, en una segunda acepción, como todo lo relacionado con las humanidades y con las bellas artes. La formación, por su parte, alude a las acciones que se deben realizar para poder alcanzar un cierto nivel de conocimiento sobre una materia determinada, de cualquier índole. La cultura va a hacer que al final las personas se conduzcan de una determinada manera y no de otra.

Dicho esto, estoy seguro que usted ya habrá visto lo importante que es la cultura para casi todos los ámbitos de la vida. La cultura hace que un individuo pueda tener un pensamiento concreto al respecto de una situación dada, que le haga tener ya preconcebida sin conocer nada más sobre ella; la posición o la acción que, según esa cultura, pueda llegar a adoptar frente a ese determinado hecho producido. Obviamente, esta mediatización de la posible resolución que se debe dar a ese hecho, con toda seguridad abocará a resultados que en numerosas ocasiones no serán los más deseables, debido a que como consecuencia de la adopción de esa postura o acción apriorística, la realidad obtenida no tendrá en consecuencia por qué ser la más óptima. Indudablemente, las acciones y posturas que pueden ser tenidas como mejores antes de que sucedan los hechos para los supuestos tenidos como irrefutables, llevados por ello a la práctica, no considerarán todos los factores que integran ese hecho, del que se tiene una preconcepción en la realidad, sin conocer a su vez todos sus extremos reales. Es lógicamente imposible que se pueda alcanzar esa consecución, teniendo en cuenta todas las posibilidades que puedan llegar a darse en la realidad. Lo cual, obviamente, aboca de una manera indefectible a que dicha solución sea errónea en muchas ocasiones, pues los matices existentes que pueden llegar a darse cuando cualquier tipo de circunstancia se da en la práctica, son tan numerosos que se debe reconocer que ello hace del todo imposible poder conseguir, *ex ante*, una presunción correcta cuando sucede un hecho de cualquier naturaleza. Hay que tener en cuenta todas las posibilidades que pueden llegar producirse realmente, y que hacen de una manera evidente que este conocimiento sea fundamental. Esto le va a redundar al individuo de un modo no muy favorable, en el caso de que esa decisión sea al final algo que le ocasione no haber conseguido realizar la opción mejor, y por ende le haya ocasionado un perjuicio. Según el enfoque de este libro, este perjuicio será en contra de sus intereses económicos. Ello provocará a su vez que la propia sociedad se vea afectada negativamente, al no poder contar con esa posibilidad: la de alcanzar, sumando a través de ello ese factor económico positivo. Aunque se debe intentar cambiar la cultura negativa para todos estos objetivos deseables,hay que reconocer que ciertamente el cambiar cualquier cultura es una tarea, además de ardua, francamente muy dificultosa.

A tenor de lo que se puede llegar a ver al estudiar la historia, podemos comprobar que, a pesar de haber pasado mucho tiempo en cuanto a una determinada zona geográfica de cualquier parte del mundo, se observa de manera palmaría que por lo general, se continúan realizando los mismos hechos de una manera muy similar a lo que se realizaban hace tiempo, con los matices lógicos que pueden aportar las capacidades nuevas; y ello, a pesar de que el paso del tiempo ha cambiado a actores y también los propios escenarios. Un claro ejemplo de ello, que resulta ser muy importante, se puede exponer en lo relativo a la cultura que aún hoy en día existe, a la hora de pensar que se debe tener cierta reticencia al foráneo precisamente por serlo, sin llegar a ver cómo es realmente, y por tanto tener preconcebida dicha idea de manera automática. Evidentemente, a causa de esto se pueden llegar a perder las oportunidades que se desprenden de esta circunstancia, y las posibles aportaciones beneficiosas que pudieran darse por parte de una persona de fuera.

En lo relativo a la formación en una vertiente que lleve al plano estrictamente económico, se debe tener en cuenta que uno de los factores en los que se fundamenta la excelencia en el trabajo es precisamente la formación. La formación va a posibilitar que cualquier individuo pueda llegar a alcanzar un puesto laboral que le permitirá, por lo general, poder alcanzar un estado económico bueno. Lo cual a su vez se trasladará también a la sociedad. A través de esa formación de índole diversa y lo más amplia posible, se puede llegar a alcanzar una educación adecuada. Y la educación, como señala la UNESCO, es algo que siempre le otorga a la persona la posibilidad de gozar de libertad, y además le hace adquirir responsabilidad. Lo cual, obviamente, no está de más en ninguna sociedad de cualquier tipo.

La salud

La salud es uno de los pilares básicos en los que se fundamenta el posible desarrollo de de cualquier sociedad, ya sea de orden económico o de cualquier otro tipo. Además, es imprescindible para cualquier individuo el poder gozar de una buena salud, pues sin duda esta afecta a la vida de todo individuo en todos los aspectos del devenir real de su día a día. Si se tiene una afección de cualquier tipo, que provoque algo suficientemente negativo en la salud, ello abocará en la práctica a que el individuo tenga dificultades para poder llegar a desarrollarse plenamente, en cualquier sentido. Esa cortapisa en su desarrollo lo puede abocar a una situación no deseable, pues lógicamente puede tener impedimentos que le provoquen que tenga que hacer cosas que le distorsionen su modo de vida habitual. Por citar tan solo un ejemplo, puede ser que deba realizarse periódicamente una diálisis para poder suplir una afección importante de sus riñones. Es evidente que también tiene un aspecto en el que está implicado directamente el estado económico que se pueda alcanzar, por verse lógicamente afectada dicha situación a causa de los múltiples factores de esta naturaleza. Es fácil llegar a comprender que todos los recursos empleados para curar o al menos paliar los problemas de salud que se pueden derivar de ese estado negativo, pueden ser bastante distorsionadores de lo que debería ser la evolución normal en el aspecto económico de cualquier individuo, y abocarnos por su causa a situaciones en que los esfuerzos a realizar sean tan costosos que lleven a la imposibilidad de poder realizarlos, y por lo tanto verse reducido sustancialmente el nivel económico al que pudiera llegar, si no existiera esta circunstancia desfavorable. Esto es así en el ámbito de la economía, como en cualquier otro, como se expone al principio de este capítulo. Solo se ha hablado de los recursos que pueden llegar a ser utilizados para tratar ese estado negativo, con el fin de paliarlo o también curarlo, en cuanto a lo relativo a la salud. Pero indudablemente hay que complementar esto añadiendo otra vertiente, que es el lado que falta. Es conveniente y necesario que esta sea considerada, pues resulta ser lo que conforman todos los recursos que no se pueden llegar a obtener, por mor de todo ello. Este aspecto no es un asunto menor, porque el hecho de padecer una mala salud siempre va a ocasionar que no se puedan llegar a realizar en la práctica muchas de las posibilidades que se encuentran al alcance de otros individuos, que sí pueden encontrarse en el caso de poder gozar de una buena salud. Este hecho ocasiona indefectiblemente que al final ese individuo no pueda alcanzar lo máximo posible en muchos de los órdenes de su vida, y también en un orden que se encuentre ligado a la propia economía personal. Para poder entenderlo mejor, se debemos pensar en que si por motivo de una mala salud, un individuo no puede conseguir realizar su labor en un puesto laboral de cualquier tipo, será bastante difícil que pueda conservarlo. Ello evidentemente va a ocasionar que dicho individuo no pueda alcanzar los ingresos económicos que de otra manera hubiera sido posible obtener, sin la mala salud por la que se ve afectado. Todo ello va a redundar también en la sociedad. Es evidente que este déficit al respecto de lo que podrían ser sus posibilidades máximas de cualquier índole, hará de manera irrefutable que dicha sociedad no pueda alcanzar tampoco su máximo posible. Ahora bien, si una persona goza de una buena salud, es obvio que incluso ese bienestar puede redundar en que tenga además ganas de hacer cosas. Indudablemente, esto puede llegar a suscitar que sea más eficiente, alcanzando una efectividad que se puede llegar a obtener con esa clase de actitudes. Todo ello redundará positivamente a su vez en una sociedad con estos individuos, que lógicamente aportarán mucho más de esta manera. En el otro caso, lo que podrían llegar a hacer es en realidad detraer los recursos que puede disponer dicha sociedad. Hay claros ejemplos a lo largo de la Historia que demuestran que cuando se ha podido conseguir que una población cuente con unos mínimos relativos a la salud, esa población ha conseguido poder elevar sustancialmente su nivel de vida como consecuencia de ello, obviamente reconociendo y señalando que acompañado de algunos otros factores favorables a ello, pero que indudablemente han podido ser mejor sustentados por ese buen estado de salud.

No se debe olvidar que en muchos proyectos de reestructuración económica, emprendidos por organismos supranacionales en países en vías de desarrollo, lo primero que han implementado son medidas tendentes a mejorar la sanidad de la sociedad, acompañadas de la puesta en marcha de procesos de mejora en otros ámbitos. Esto ha conseguido que se lleve a esos países a una buena situación económica a lo largo de los años, que ha afectado favorablemente a todos de una manera evidente y comprobable.

Breve conclusión

Antes de poner el punto final a este libro, me gustaría no dejar sin tratar lo siguiente: en estos momentos existe un sentir en muchas personas, que creen en lo que se viene a denominar *homo economicus* (que se puede entender como la persona que solo tiene en cuenta el aspecto económico de las cosas). Aunque parezca que es algo de Perogrullo, se debe decir sin ambages que la persona —afortunadamente— siempre piensa en realidad en multitud de asuntos relativos a todo tipo de temas. Cualquier persona tiene en su mente aspectos tales como, por ejemplo, alimentarse, sentir emociones de todo tipo y un larguísimo etcétera. Por tanto, se puede afirmar con total rotundidad que no existe ninguna persona —obviamente— que solamente tenga en su mente aspectos económicos. Además, quiero hacer notar que cabe decir, sin ningún género de duda, que esa persona ni ha existido ni existirá jamás. Por tanto, debo señalar aquí indefectiblemente que el *homo economicus* es tan solo un mito. Lo que en realidad sí pueden existir son personas que puedan tener una predisposición a tener una mente que tenga la posibilidad de ver muchos de los aspectos de la vida bajo un prisma con cierto carácter económico. Aunque este prisma por el que ve será seguramente uno más de aquellos por los que verá y tendrá en cuenta para adoptar sus decisiones finales. Por lo tanto, nunca será el único. En este caso podemos decir que esa persona posee una «mente económica». Sin embargo, debemos señalar que simplemente, además de la pléyade de aspectos que la persona tiene en su mente, también tiene en cuenta el aspecto económico, dando por ello lugar a lo que hemos denominado lógicamente como la «mente económica».

Epílogo
Análisis económico de las dimensiones sociales de la vida humana

Y ahora ¿qué más? Josu Imanol Delgado y Ugarte ha acabado de hacer pasar ante nosotros de un modo tan breve como riguroso diversos *Aspectos de la vida con un punto de vista económico* que es como subtitula *La mente económica*. La exclusiva pretensión de las páginas que anteceden es ofrecer un análisis de ciertas cuestiones desde la perspectiva económica. La tesis fundamental es que lo económico y la economía deben estar al servicio de la sociedad, pero incluso cuando nos detenemos a examinar determinadas cuestiones desde únicamente un criterio económico observamos que las decisiones tomadas y ejecutadas pueden justificarse en términos de coste-beneficio como rentables tanto para el individuo en particular y la sociedad en su conjunto. La adecuada toma de decisiones económicas determina beneficios personales y sociales que se extienden a otras dimensiones como la salud, la educación, la inclusión social y realiza principios y valores en los ámbitos de la equidad y la justicia.

En *La mente económica* descubrimos los aspectos de la vida humana en los que hay que invertir tiempo y esfuerzo y las decisiones que nos permiten optar por lo mejor para obtener la máxima rentabilidad personal. Todas estas decisiones incluyen principios y valores éticos, pero Delgado y Ugarte prescinde de la justificación moral de estas decisiones por obvias razones de economía, porque la discusión se prolonga en opiniones encontradas que desembocan en estériles polémicas más cuando el beneficio de estas decisiones es incuestionable desde el punto de vista de los hechos sociales.

Su análisis comienza en la familia. No entra en la distinción de distintos tipos de familia desde el punto de vista sociológico o jurídico; lo importante aquí es dar cuenta del núcleo de convivencia que conocemos actualmente en Occidente y que llamamos familiar nuclear compuesta por progenitores y prole en términos lo más asépticos posibles.

Lo que define a la familia es su carácter funcional: hablamos en este caso no de familia tradicional sino de familiar funcional. La familia funcional es aquella que cumple los fines que justifican su existencia en todos los momentos de la historia humana. La familia, cuando es funcional y no desestructurada, proporciona las condiciones óptimas para el desarrollo de los individuos que en su seno crecen y las condiciones de realización personal de los progenitores. La familia permite satisfacer las necesidades vitales, proporciona seguridad y afecto y un conjunto de bienes y oportunidades para los individuos que la constituyen que ninguna otra instancia social puede proporcionar. En la familia se da una auténtica solidaridad entre sus miembros y se realiza la pretensión de Karl Marx: "A cada cual según sus necesidades, de cada cual según sus capacidades"; pues es precisamente los miembros que menos aportan en términos económicos los que reciben las mayores inversiones o los mayores gastos. En un principio, en la etapa de formación la prole y, más adelante, tal vez, los progenitores en la etapa de senectud. Para el autor es incuestionable que la familia tiene un valor para la sociedad incluso cuando nos limitamos a hacer un puro análisis de coste-beneficios.

Muy oportunamente comienza el análisis en la familia para detenerse en cada una de las etapas de la vida humana: infancia, juventud, senectud... de este modo se responde a una cuestión fundamental: si es la sociedad un agregado de individuos, una suma de individuos o por el contrario es la sociedad la que construye la identidad individual. Es esta una cuestión con una larga tradición en el ámbito de la filosofía política y más recientemente en la sociología. El autor la elude puesto que la economía supone el mercado que no es posible más que con la existencia de algún tipo de sociedad. La sociedad es un hecho para la economía y la primera sociedad es la familia.

La vida humana es temporal y sucesiva, biográfica, y el carácter principal del tiempo en cuanto forma de la estructura empírica es la edad. Josu Imanol Delgado revisa las edades humanas desde el punto de vista económico y, como en todo el libro, se atiene a la descripción de hechos y no cuestiona su historia o génesis. La persona en la infancia se define por lo que no es, pero paradójicamente, toda nuestra vida seguiremos siendo el niño o la niña que fuimos, que hemos sido y que somos. La infancia es la edad de la posibilidad; todo es posible pues se tiene una vida ante sí. Ciertamente no es cierto; todo ser humano tiene ante sí el futuro en su integridad tenga ocho u ochenta años, pero nuestro pensamiento está acostumbrado a pensar que es así. Esta incertidumbre sobre quién va a ser este niño o esta niña es la que explica la preocupación de los padres sobre el futuro de sus hijos y dediquen, si su situación económica se lo permite, ingentes cantidades de dinero en el cuidado, la formación y la educación de sus hijos con la idea que no se trata de un gasto sino de una inversión. Y así es, toda inversión en el cuidado y protección de la infancia revierte en el propio individuo, en la propia familia y en la sociedad en su conjunto. Esto último no parece haberlo entendido el Estado que cuando tiene que limitar su esfuerzo financiero siempre lo hace en centros educativos, profesorado, instalaciones deportivas y bibliotecas y para darse cuenta de ello no hay más que observar la evolución en los presupuestos en la última década tanto del gobierno de la nación como de las diferentes comunidades autónomas y las entidades locales.

Todas las decisiones económicas que se tomen, tanto gasto como inversiones, respecto de la infancia produce siempre la rentabilidad esperada. Todos los esfuerzos que se realicen en formación y educación en todos los sentidos mejoran las oportunidades futuras y necesariamente revierten en la sociedad por lo que la misma sociedad debe proveer de recursos y posibilidades a los individuos para su formación y educación desde criterios de equidad social para que la familia en la que uno o una se encuentre no constituya una limitación sino una oportunidad. Este análisis incluye categorías y supuestos morales y políticos, pero la tesis de este libro es que incluyo si nos atenemos al ámbito puramente económico llegamos a la conclusión de que la inversión en formación y educación es rentable económicamente para el individuo y la sociedad en su conjunto.

La juventud se define por un mínimo de realidades y un máximo de posibilidades reales. En la infancia también hay posibilidades, pero no son reales sino más bien abstractas porque no pertenecen al niño o la niña; por el contario, las posibilidades del o la joven le pertenecen, son suyas, y es consciente de ello. La juventud consiste fundamentalmente en la absorción de realidad y en la indagación de sus posibilidades. Los alemanes hablan de años de aprendizaje, *Lehrjahre*, y años de viaje, *Wanderjahre*. Es el momento de las decisiones cruciales y en pocos años se define toda una trayectoria vital. Toda la inversión que la sociedad en su conjunto pueda ofrecer a la juventud es siempre una inversión rentable puesto que evita otro tipo de gastos a los que hay que atender cuando la juventud no encuentra su espacio en la sociedad o cuando no se le ofrece un lugar. Es mucho más rentable atender a necesidades de formación y educación, la inversión en sistemas de becas y ayudas que el gasto en prevenciones, servicios sociales, subsidios, atender al vandalismo callejero, ocupación de inmuebles, drogadicción, sistemas judiciales y penitenciarios, y un muy largo etcétera. Desde el punto de vista ético, político y social, atender a las consecuencias de no ofrecer posibilidades reales a la juventud es una exigencia; pero incluso cuando nos limitamos sin ninguna ideología y nos atenemos únicamente a los hechos económicos podemos concluir que toda inversión personal y social en ofrecer posibilidades reales a la juventud es rentable.

La senectud, la vejez, se consideraba hace tiempo, en un sentido negativo, como la edad de la vida de declive y espera de un final inevitable precedido de la enfermedad. No hay más que recordar cómo se expresa Celestina en la obra de Fernando de Rojas: "Que, a la mi fe, la vejez no es sino mesón de enfermedades, posada de pensamientos, amiga de rencillas, congoja continua...".

Hoy, afortunadamente, consideramos la senectud como como una edad más en sentido positivo. Independientemente de la declinación física es la etapa de la vida con un máximo de riqueza de realidad y unas posibilidades reducidas pero ampliadas por la acumulación de experiencias. En la vejez se es porque se ha sido y aunque la juventud mire con desde la vejez no tiene ninguna garantía de llegar a ella. Son innumerable los ejemplos de riqueza aportada a la sociedad en esta etapa de la vida, la rentabilidad social es máxima. En esta etapa de la vida, y tras la jubilación, se atiende a la familia, se traslada parte de la experiencia laboral, se colabora desinteresadamente en asociaciones y organizaciones no gubernamentales, en obras asistenciales... se gasta en salud, ocio, viajes y cultura. Quienes tienen mayor matrimonio o poder adquisitivo contribuyen a la sociedad y quienes no lo tienen y reciben atención social y sanitaria contribuyeron, y si lo hicieron hay un deber social de atenderlos. Lo que es incuestionable es que desde un punto de vista económico existe una contribución a la sociedad en términos estrictamente económicos en la edad de la senectud.

La vida en sociedad es un hecho es un hecho irrefutable pues cualquier pretensión de argumentar en contra de esta afirmación supone ya el lenguaje y, por lo tanto, la vida en sociedad. Que los seres humanos vivimos en sociedad es un hecho claro e indiscutible, pues desde nuestro nacimiento nos encontramos ya en un medio social; además es un hecho irreversible. El ser humano es un ser social por naturaleza como afirma Aristóteles en *La Política* y en su vivir trata con el mundo, se dirige a él y en él actúa. La vida humana es por ello con-vivencia. Un activo estar en el mundo y en la sociedad y no un mero existir o co-existir; lo propio del ser humano es la con-vivencia. Convivir no significa prioritariamente armonía y consenso; muy al contrario, la convivencia supone disenso y conflicto, por ello Immanuel Kant recoge esta dualidad en la expresión "la insociable sociabilidad del ser humano" y el filósofo español José Ortega y Gasset en *El hombre y la gente* acuña la expresión disociedad para expresar la cuestión del conflicto social. A pesar de todo ello, la sociedad significa siempre lo común entre los seres humanos y esto común es en principio estar referidos unos a otros. El ser humano adquiere su personalidad y humanidad en el seno de una sociedad, en relaciones mutuas y reciprocas.

Delgado y Ugarte entiende que no todo el hecho social es reductible a valor económico pero que en este análisis meramente económico la sociedad es rentable para los individuos que la constituyen, incluso en las situaciones de mayor penuria, y la sociedad incrementa sus posibilidades con las posibilidades que aportan los individuos, aunque no lo hagan desde un pensamiento altruista sino únicamente por conseguir mayores bienes personales y riquezas. Tal es así que las Declaraciones Universales y la Constituciones de los distintos países democráticos establecen entre sus derechos fundamentales la vivienda, como se recoge en el capítulo 4. Una vivienda digna es uno de los requisitos para poder vivir una vida humana.

Personalmente creo que la dignidad únicamente afecta a las personas, pero bien sabemos lo que queremos decir cuando hablamos de vivienda digna. No entramos aquí en la cuestión de la descripción de la vivienda digna, pero sabemos todos de modo intuitivo a que hacemos referencia. Tampoco discutimos si la vivienda es un gasto o una inversión o si es mejor que la posesión sea en alquiler o en propiedad. Se trata de un análisis que excede el propósito que nos afecta y en el que entran cuestiones como el modelo económico del que se parte, el papel que el Estado ha de tener en el mercado e incluso los fines de la sociedad en un Estado Social Democrático y de Derecho. Lo que nos parece evidente es que sea cual sea la fórmula la vivienda es un bien económico que revierte en la riqueza social y satisface necesidades humanas de primer orden que hace posible satisfacer otras primarias y, por ende, las secundarias y las terciarias. No podemos dejar de apuntar sobre este tema dos cuestiones. Primera, la legitimidad de la inversión especulativa en la vivienda que no siempre garantiza una rentabilidad, sino en ocasiones pérdidas patrimoniales. Segunda, que el Estado y las administraciones públicas deben garantizar el acceso a la vivienda y que la legislación no puede servir para desposeer a los más necesitados de las mínimas condiciones para desarrollar una vida digna siguiendo en esto los principios de la justicia de John Rawls.

De este modo entramos en la cuestión de la intervención del Estado en la economía. El liberalismo económico supone que el mercado equilibra sus fuerzas a partir de la ley de la oferta y de la demanda y que, según Adam Smith, una mano invisible permitirá llegar a un punto óptimo real de equilibrio. Por su parte, los defensores de una economía intervencionista extienden la potestad de intervención del Estado a todos los ámbitos de la economía, que como venimos viendo coinciden con los ámbitos de la experiencia humana. Más allá de la defensa interesada de la clase política o de unas élites económicas nadie defiende una postura radical en este sentido. Históricamente se han dado situaciones en uno y otro sentido; tal vez más en el sentido del Estado intervencionista que ha supuesto un fracaso absoluto y el empobrecimiento en algún sentido de la sociedad, pero sobre todo de los más desfavorecidos al tiempo que ha surgido una oligarquía tiránica y despótica, tales son los casos, entre otros, de Rusia, China, Cuba y Venezuela cuyas élites políticas y financieras irrumpen paradójicamente en los mercados libres occidentales.

No puede identificarse sin más Estado, mercado y modelo económico. El Estado puede minimizarse tanto como se pueda o quiera quienes detenten el poder político, pero hay aspecto que lo exigen en defensa de la justicia y de la equidad: la sanidad, la educación, la inclusión social, las protección social, la seguridad, el acceso a la vivienda, el empleo, la política medioambiental, la información, la justicia, la movilidad y un largo etcétera requieren un Estado mínimo que como se puede comprobar no será tan mínimo pues requiere de ingente recursos económicos y humanos, de una burocracia que podemos exigir que sea eficiente pero de la que no podemos prescindir, de un funcionariado al servicio de lo públicos y de una esfera de decisiones políticas que comienzan con la Jefatura del Estado, que siempre la habrá tenga la forma que tenga, hasta el último de los concejales de los más de ocho mil municipios de España. El fin del Estado liberal es proveer de oportunidades a los que no las tienen por su propia condición personal o social. La pobreza individual, el desempleo y la desigualdad social se combinan para excluir de la sociedad a ciertas personas… esta pobreza personal se traslada al conjunto de la sociedad y la empobrecen. Nuestra sociedad rechaza no al inmigrante, sino al pobre como muy bien apunta desde hace años la profesora Adela Cortina, catedrática de filosofía moral y política de la Universitat de València, que ha creado el neologismo aporofobia. El Estado liberal mínimo es un Estado social que corrige, más allá de sus posibilidades, las desigualdades sociales. Y más allá de cuestiones políticas y morales el análisis que pretendemos exclusivamente económico permite afirmar que las contribuciones del Estado a erradicar pobreza, desempleo, exclusión social y desigualdad genera cierto nivel de riqueza.

Prueba del orden interno de cada uno de estos capítulos es que la reflexión sobre cada uno de ellos nos conduce indefectiblemente a los siguientes. Nos vemos embarcados de este modo en la cuestión de la política, y como consecuencia, del poder. El poder puede ser el conjunto de instituciones que garantizan la sujeción de los ciudadanos a un estado determinado bajo normas y leyes; pero poder significa sobre todo siguiendo a Foucault en *La voluntad de saber* "la multiplicidad de las relaciones de fuerza inmanentes y propias del dominio en que se ejercen y que son constitutivas de su organización". Ante la pregunta ¿en quién reside el poder? ¿quién lo ostenta? Podemos dar respuestas aparentemente obvias como en las instituciones políticas y en los políticos, en los Estados; otras menos obvias, pero también claras como en las grandes corporaciones transnacionales y en los grandes grupos financieros, e incluso en los medios de comunicación y sus prolongaciones tecnológicas. Pero lo cierto es que el poder se oculta, se hace invisible y no se detecta y todo cuanto hemos mencionado no son sino instrumentos del poder, medios de los que se sirve y utiliza. Utiliza los Estados y a la clase política, utiliza los mercados financieros, las transnacionales y los medios de comunicación para desdibujar en los sujetos la barrera, antes sagrada, que distinguía la vida pública de la vida privada. Ya no existe vida privada ni privacidad: todo es público. Todo nuestro ser es reducido a datos cuantificables y, por lo tanto, objeto de compra-venta. Big Data es la gran ciencia del futuro a la que, quienes tengan conciencia, pueden oponerse desde el pensamiento y la intimidad. Aunque lo privado se haya convertido en público, al menos algunos podrán conservar si intimidad entre la que incluyo la libertad de pensamiento y los propios principios y valores, y es de este modo como nos introducimos en la siguiente cuestión.

Es cierto que, aunque los términos ética y moral se utilizan indistintamente tienen sentidos muy distintos en el ámbito académico. La ética es el estudio racional y sistemático de la dimensión moral del ser humano y de sus fundamentos, se trata de una disciplina como lo es la biología o el derecho. La biología trata sobre la vida; el derecho sobre la norma justa. De este modo la ética trata sobre la moral, y la moral es la regla o norma que una persona sigue en comportamiento no regidos por normas sociales o jurídicas. La norma moral es aquella que orienta la conducta del ser humano; indica lo que debemos hacer o lo que debemos evitar. Un acto humano será bueno cuando esté de acuerdo con dicha norma, y malo cuando esté en desacuerdo con ella. Ciertamente puede decirse muchísimo más sobre ética y moral, más aún todas las cuestiones o problemas que podamos tratar son de este tipo. Todos los problemas que plantean las nuevas tecnologías (desde la física nuclear hasta la ingeniería genética), los problemas medio ambientales, la violencia y agresividad desmesurada (desde el nivel doméstico a los grandes conflictos bélicos pasando por el terrorismo), la inmigración, la exclusión social, y las decisiones sobre el principio y el final de la vida son problemas morales únicamente abordables desde el análisis que permite la perspectiva ética.

La perspectiva ética proporciona al individuo unos principios y valores con los que actuar. Estos principios y valores son rigen la convivencia social y, por lo tanto, las relaciones económicas se ven afectadas por ellos. Uno de los principales es la confianza. Del mismo modo que suponemos que nuestro interlocutor en una conversación dice la verdad, es veraz, pues si pensáramos que miente continuamente la conversación no sería tal y la abandonaríamos; en las transacciones económicas rige el principio de la confianza, por ello cuando creemos en una persona o entidad le damos crédito que no es más que creer en ella. El principio de la veracidad rige el diálogo y el principio de la confianza el mercado y del mismo modo que ya no creemos en quién nos ha engañado alguna vez intencionadamente cuando se pierde la confianza en una institución o empresa está ya nunca se recupera. Importantísima es la reputación.

El conocimiento es poder y, por ello, uno de los objetivos de los individuos y de las sociedades alcanzar conocimiento. La historia de la humanidad es una historia de descubrimiento, de exploración, de invención, de acumulación de conocimiento porque el conocimiento es aquello a lo que todos los seres humanos aspiran como recoge Aristóteles en la primera línea de La Metafísica. Donde hay conocimiento hay supervivencia, bienestar, satisfacción de las necesidades, ocio y cultura. El conocimiento, la ciencia y la tecnología permiten el progreso social y el desarrollo de vidas cada vez más humanas; aunque también es cierto que el conocimiento permite dominar, esclavizar y matar cada vez de modo menos costoso y más eficazmente. Esto nos retrotrae a la cuestión ética presente en cada acción humana. Pero lo cierto para el tema que nos ocupa es que el conocimiento y todos sus ulteriores desarrollos en forma de cultura, ciencia, técnicas y tecnologías suponen un beneficio económico para la sociedad en su conjunto y para cada individuo en particular.

La cultura para el ser humano lo es todo. Lo digo en el sentido en que podría oponerse cultura a naturaleza, y dado que no hay seres humanos en la naturaleza sino mediatizados por la cultura podemos decir que cultura lo es todo. La cultura incluye como he descrito anteriormente un conjunto de técnicas y conocimiento; un sistema de creencias, un conjunto de valores, principios y normas y, por último, un conjunto de signos con una función simbólica y comunicativa. La cultura se transmite de unas generaciones a otras en un continuo proceso de socialización que incluye la formación y la educación formal. Este proceso de socialización incluye mecanismos de continuidad, como es el caso de la tradición, y mecanismos de ruptura como es el caso del cambio y de las revoluciones sociales. Pero lo innegable es que pueden ser analizados como hechos puramente económicos cuya rentabilidad es incuestionable sea cual sea el resultado social. La cultura y la formación constituyen un factor económico positivo.

El medio ambiente constituye hoy más que nunca una preocupación social. La conciencia medioambiental se ha extendido por todo el planeta ante la urgencia de lo inevitable. Los más críticos piensan que tal vez hemos llegado a un punto de no retorno y posturas extremamente conservadoras rechazan el hecho del cambio climático. Lo cierto es que la conciencia medio ambiental es cada vez más profunda y que el verdadero cambio no puede venir de la mano de los Estados tradicionales y tal vez nunca de la economía tal como la conocemos. Una opción es un nuevo modelo económico o un nuevo paradigma que con conciencia medio ambiental incluya en sus análisis coste-beneficios lo que parece evidente a la mente económica. Cuidar y proteger el medio ambiente es rentable, es una inversión que produce beneficios. La responsabilidad social y medioambiental de las empresas es un hecho innegable; los ciudadanos han de colaborar sin soportar todos los costes; las administraciones públicas han de favorecer el reparto equitativo entre familias y empresas que supone salvar el planeta.

Por último, y como condición del desarrollo de la propia vida individual, se incluyen aspectos como la salud y la seguridad. Es innegable que desde el punto de vista económico las inversiones en prevención y cuidado de la salud son máximamente rentables. La salud afecta a todas las dimensiones de la vida: formación, laboral, deporte, ocio, diversión, cultura, afecto, sexualidad, trascendencia... sin salud poco podemos desarrollar cualquier otro aspecto de la vida. Toda inversión personal y social en salud, desde la prevención hasta las más costosas terapias es una inversión con rentabilidad asegurada.

Respecto de la seguridad decir que es otra de las condiciones imprescindibles para poder desarrollar las propias capacidades. Desde la seguridad vital, domestica, escolar, nacional y transnacional hasta la ciberseguridad. Los costes e inversiones en seguridad redundan en beneficios sociales y muchísimos de los problemas sociales surge de las amenazas personales tales como la violencia machista, el acoso escolar, el ciberacoso y el terrorismo.

La mente económica supone un adecuado análisis de aspectos tales como la familia, las edades del ser humano, la vivienda, la sociedad, la protección social, la pobreza y el empleo, el liberalismo político, los principios y valores éticos, el conocimiento, la formación y la cultura, el medio ambiente, la sanidad y la seguridad la una perspectiva exclusivamente económica.

Pedro José Herreros Martínez

Profesor de Filosofía y Ciencias de la Educación de la Universidad de Valencia

Lecturas recomendadas

- Joseph E. Stiglitz, «*Estancamiento diseñado deliberadamente*», 2–03–2014. El País.

- Paul R. Krugman, «*Porqué la desigualdad es importante*», 22–12–2013. El País.

- Paul R. Krugman, «*La guerra contra la pobreza*», 12–01–2014. El País.

- Paul R. Krugman, «*Una depresión permanente*», 24–11–2013. El País.

- Paul R. Krugman, «*No es una victoria de la austeridad*», 02–10–2013. El País.

- Joseph E. Stiglitz, *La gran brecha*, Barcelona, Editorial Taurus, 2015.

- Joseph E. Stiglitz, *El precio de la desigualdad*, Madrid, Santillana Ediciones Generales S.L., 2012.

- John Kenneth Galbraith, *La pobreza de las masas*, Barcelona, Editorial Plaza & Janés, 1982.

- John Kenneth Galbraith, *Naciones ricas, naciones pobres*, Barcelona, Editorial Ariel, 1986.

- John Kenneth Galbraith, *La economía y el objetivo público*, Barcelona, Plaza & Janés, 1973.

- John Kenneth Galbraith, *La cultura de la satisfacción*, Barcelona, Editorial Ariel, 2000.

- John Kenneth Galbraith, *Desarrollo económico*, Barcelona, Editorial Ariel, 1972.

- George J. Stigler, *El economista como predicador*, Barcelona, Ediciones Folio, 1987.

- Paul A. Samuelson, *Economía desde el corazón*, Barcelona, Ediciones Folio, 1987.

- Milton Friedman, *Libertad de elegir*, Barcelona, Ediciones Grijalbo, 1980.

- Amando de Miguel, *El cambio que viene*, Barcelona, Editorial Estella Maris, 2015.

- Igor Sádaba Rodríguez, *Cyborg*, Barcelona, Ediciones Península, 2009.

- Josu Imanol Delgado y Ugarte, «*¿Un mundo sin políticos? Con la democracia deliberativa es posible*», 06–03–2017, *El Economista*.

- Josu Imanol Delgado y Ugarte, *El crash del 2007*, Madrid, Editorial Sekotia, 2016.

- Josu Imanol Delgado y Ugarte y José Luis Barceló Mezquita, *La economía actual*, Madrid, Editorial Sekotia, 2016.

- Josu Imanol Delgado y Ugarte, *Economía Fácil*, Valencia, Editorial Tirant lo Blanch, 2016.

- Josu Imanol Delgado y Ugarte, *Poder y pobreza*, Madrid, Editorial Editatum, 2019.

- Josu Imanol Delgado y Ugarte, *«¿Es malo el proteccionismo económico?»*, El Mundo Financiero, 3 de febrero 2017.

- Josu Imanol Delgado y Ugarte, *«La nueva sociedad hacia la que nos dirigimos»*, El Economista (Edición digital), 9 de enero 2017.

- Josu Imanol Delgado y Ugarte, *«Pensiones, impuestos y maquinismo»*, El Economista (Edición digital), 5 de enero 2017.

- Josu Imanol Delgado y Ugarte, *«Qué produce el desarrollo económico de un país»*, *El Economista (Edición Digital)*, 3 de octubre 2016.

- Josu Imanol Delgado y Ugarte, *«Al liberalismo económico»*, El Economista (Edición Digital), 3 de mayo 2016.

- Josu Imanol Delgado y Ugarte, *«El emprendimiento masivo es malo para la economía»*, El Economista (Edición Digital), 24 de marzo 2016.

- Josu Imanol Delgado y Ugarte, *«Desigualdad, PIB y empleo»*, Cinco Días, 8 de agosto 2014.

- Josu Imanol Delgado y Ugarte, *«El desastre educativo en España»*, Cinco días, 22 de abril 2013.

- Josu Imanol Delgado y Ugarte, «*¿Las criptomonedas desestabilizarán el actual equilibro económico?*», El Economista (Edición Digital), 26 de junio 2017.

asesorum
asesoría para pymes y autónomos

Patrocinio

Asesorum ofrece sus servicios de gestoría para pymes y autónomos en toda España.

Nuestros procedimientos operativos nos permiten ajustar los precios de los servicios para ser, sin duda, los más económicos del mercado.

En **Asesorum** te asignamos un gestor personal, con nombre y apellidos, que será quien se encargue de tu cuenta. Te ofrecerá un asesoramiento permanente e ilimitado, te avisará de las diferentes obligaciones, contables, fiscales y laborales y conocerá tu contabilidad y las especificaciones de tu actividad para ofrecerte el mejor servicio.

En **Asesorum** podrás consultar con tu gestor siempre que lo necesites y para lo que necesites, por teléfono, por email, por chat, por videoconferencia, como te sea más sencillo.

Web: **www.asesorum-asesoria.com**
E-mail: **info@asesorum-asesoria.com**
Tfno.: **900 49 48 35**

Autores para la formación

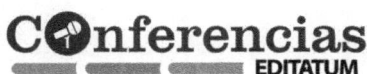

Conferencias
EDITATUM

Editatum y **GuíaBurros** te acercan a tus autores favoritos para ofrecerte el servicio de formación GuíaBurros.

Charlas, conferencias y cursos muy prácticos para eventos y formaciones de tu organización.

Autores de referencia, con buena capacidad de comunicación, sentido del humor y destreza para sorprender al auditorio con prácticos análisis, consejos y enfoques que saben imprimir en cada una de sus ponencias.

Conferencias, charlas y cursos que representan un entretenido proceso de aprendizaje vinculado a las más variadas temáticas y disciplinas, destinadas a satisfacer cualquier inquietud por aprender.

Consulta nuestra amplia propuesta en **www.editatumconferencias.com** y organiza eventos de interés para tus asistentes con los mejores profesionales de cada materia.

EDITATUM

Libros para crecer

www.editatum.com

Nuestras colecciones

Guías para todos aquellos que deseen ampliar sus conocimientos sobre asuntos específicos, grandes personajes, épocas, culturas, religiones, etc., ofreciendo al lector una amplia y rica visión de cada una de las temáticas, accesibles a todos los lectores.

Guías para gestionar con éxito un negocio, vender un producto, servicio o causa o emprender. Pautas para dirigir un equipo de trabajo, crear una campaña de marketing o ejercer un estilo adecuado de liderazgo, etc.

Guías para optimizar la tecnología, aprender a escribir un blog de calidad, sacarle el máximo partido a tu móvil. Orientaciones para un buen posicionamiento SEO, para cautivar desde Facebook, Twitter, Instagram, etc.

Guías para crecer. Cómo crear un blog de calidad, conseguir un ascenso o desarrollar tus habilidades de comunicación. Herramientas para mantenerte motivado, enseñarte a decir NO o descubrirte las claves del éxito, etc.

Guías prácticas dirigidas a la salud y el bienestar. Cómo gestionar mejor tu tiempo, aprenderás a desconectar o adelgazar comiendo en la oficina. Estrategias para mantenerte joven, ofrecer tu mejor imagen y preservar tu salud física y mental, etc.

Guías prácticas para la vida doméstica. Consejos para evitar el cyberbulling, crear un huerto urbano o gestionar tus emociones. Orientaciones para decorar reciclando, cocinar para eventos o mantener entretenido a tu hijo, etc.

Guías prácticas dirigidas a todas aquellas actividades que no son trabajo ni tareas domésticas esenciales. Juegos, viajes, en definitiva, hobbies que nos hacen disfrutar de nuestro tiempo libre.

Guías para aprender o perfeccionar nuestra técnica en deportes o actividades físicas escritas por los mejores profesionales de la forma más instructiva y sencilla posible,

El Controller de empresa

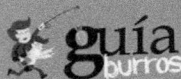

Empresa y Negocio

El Controller de empresa

Cómo realizar el control total de tu empresa

Josu Imanol Delgado y Ugarte, Manuel Giganto

GuíaBurros El Controller de empresa es una guía que te ayuda a realizar el control total de tu empresa

+INFO

http://www.elcontrollerdeempresa.guiaburros.es

Poder y pobreza

Empresa y Negocio

Poder y Pobreza

Economía desde el corazón

Josu Imanol Delgado y Ugarte,
José Antonio Puglisi Spadaro

GuíaBurros Poder y pobreza es una guía básica para conocer un poco mejor los secretos internos de la economía

guía burros

Informe Económico financiero

guía burros

Inteligencia financiera

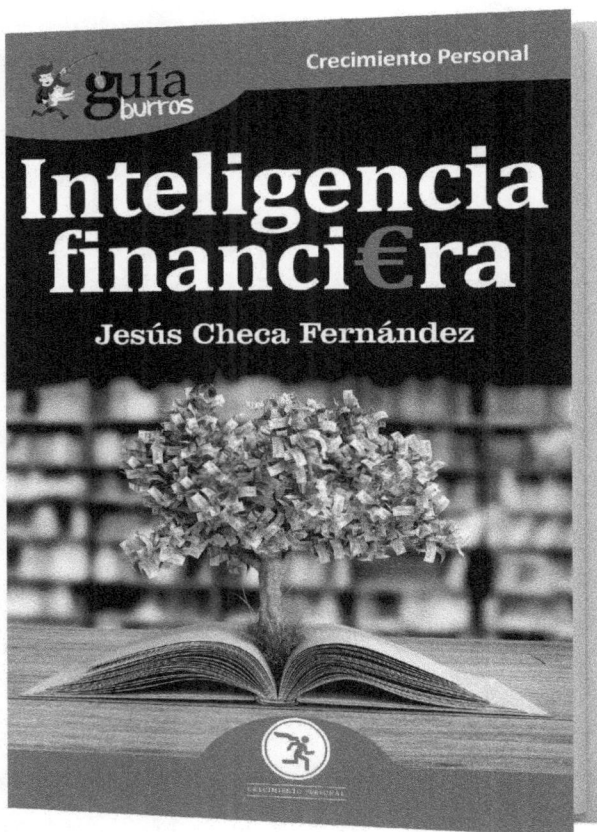

GuíaBurros Inteligencia financiera

El dinero no es para gastarlo, el dinero es para utilizarlo

guía burros

Reglamento General de Protección de Datos

Empresa y Negocio

Reglamento General de Protección de Datos (RGPD)

Todo lo que debes saber sobre la LOPD y la adaptación al nuevo reglamento RGPD

Lola Granados, Carolina Sánchez

GuíaBurros Reglamento General de Protección de Datos es una guía básica con todo lo que debes saber sobre la LOPD y la adaptación al nuevo reglamento RGPD.

+INFO

http://www.rgpd.guiaburros.es

guía burros

LinkedIn

Ciencia y Tecnología

Linked in

Todo lo que necesitas saber para sacarle partido a esta red social profesional

David Díaz Robisco

GuíaBurros LinkedIn es una guía básica para sacarle partido a esta red social profesional.

+INFO

http://www.linkedin.guiaburros.es

Nuestra colección

www.ingramcontent.com/pod-product-compliance
Lightning Source LLC
Chambersburg PA
CBHW031943190326
41519CB00007B/644